바라는 것들을 실상이 되게 하는

말의 힘

조현삼 지음

🕮 생명의말씀사

HANDY BOOK 10

바라는 것들을 실상이 되게 하는

말의힘

ⓒ **생명의말씀사** 2007, 2009

2007년 8월 27일 1판 1쇄 발행
2023년 9월 15일   39쇄 발행
2009년 5월 20일 2판 1쇄 발행 (핸디북)
2023년 9월 15일   16쇄 발행

펴낸이 | 김창영
펴낸곳 | 생명의말씀사

등록 | 1962. 1. 10. No.300-1962-1
주소 | 서울시 종로구 경희궁1길 6 (03176)
전화 | 02)738-6555(본사) · 02)3159-7979(영업)
팩스 | 02)739-3824(본사) · 080-022-8585(영업)

지은이 | 조현삼

기획편집 | 유선영, 문효진   디자인 | 조현진, 박시남
인쇄 | 영진문원   제본 | 다온바인텍

ISBN 978-89-04-15842-3 (04230)
ISBN 978-89-04-00139-2 (세트)

저작권자의 허락없이 이 책의 일부 또는 전체를
무단 복제, 전재, 발췌하면 저작권법에 의해 처벌을 받습니다.

바라는 것들을 실상이 되게 하는
말의 힘

| Prologue |

내 인생을 바꾼 말의 힘

지금까지 사는 동안 제 인생에 가장 중요한 영향을 끼친 두 가지 사건이 있습니다. 하나는 예수님을 믿은 것입니다. 다른 하나는 성경을 통해 말의 힘을 깨달은 것입니다.

제가 성경을 통해 말의 능력을 처음 깨달은 것은 25년쯤 전입니다. 20대 중반에 성경을 읽다가 온 몸에 소름이 끼치는 전율을 느꼈습니다.

너희 말이 내 귀에 들린 대로 내가 너희에게 행하리라.

이 한 구절 말씀이 제 인생을 송두리째 바꾸어 놓았습니다.

이 말씀은 제 인생에 엄청난 변화를 가져왔습니다. 이 말씀을 통해 말의 힘을 깨달은 저는 지난 25년간 참으로 많은 것을 누리며 살았습니다.

처음 말의 힘을 깨닫고 성경을 읽으며 말에 대한 말씀을 마라톤 타자기를 가지고 일일이 타이핑하기도 했습니다. 성경이 말에 대해 그렇게 많은 말씀을 하고 있는 줄은 그때 알았습니다. 지난 25년간 저는 성경을 통해 말을 공부하고 말을 가르쳤습니다. 25년이 지났으니 이제는 그 감동이 식을 만도 한데 지금도 그 감동은 여전합니다.

1992년 3월에 서울광염교회를 개척하고 수요예배 시간에 1년 넘게 말에 대한 설교를 했습니다. 그 후로도 여러 차례 사랑하는 성도들과 함께 말의 힘을 공부했습니다. 매년 언어생활세미나를 하기도 했습니다. 지금도 새로 등록하는 성도들에게 언어생활세미나 테이프를 선물하고 있습니다.

말의 힘을 깨닫고 제 인생이 바뀌었습니다. 지난 25년간 말을 통해 수많은 사람들의 인생이 바뀌는 것을 보았습니다. 교회가 바뀌는 것을 보았습니다. 제 안에서 일어났던 이 놀라운 변화들이 말의 힘을 깨달은 수많은 사람들에게서 동일하게 나타났습니다. 서울광염교회는 말의 능력을 깨달은 저와 성도들의 입술의 열매입니다.

    이것을 책으로 출판하기 위해 원고를 써 놓은 게 10년 전 일입니다. 10여 년 전에 전자책으로 출판한 『조현삼목사의 목회파일』 속에도 언어생활 성경공부 교안이 들어 있습니다. 김영사에서 출판한 『감자탕교회 이야기』와 『파이프 행복론』에도 말에 대한 칼럼 일부가 들어 있습니다. 하나님께서 이것을 10년 넘게 숙성시킨 후 이번에 한 권의 책으로 묶어 『말의 힘』을 출판하게 해주셨습니다. 말의 힘을 깨달은 지 25년, 교회 설립 15년이 되는 해에.

    한 주에 1 part씩 14주만 투자하십시오. 당신의 인생도 바뀔 것입니다. 이 책은 성경공부교재 형식이지만 혼자 읽기만 해도 이해가 되도록 편집했습니다. 혼자서 혹은 그룹 스터디로 할 수 있도록 인용한 성경 말씀도 책에 다 적어 놓았습니다. 그러나 개인별로 활용해도 좋지만 소그룹으로 모여 함께 공부하십시오. 더욱 풍성한 변화를 경험할 것입니다. 사랑합니다.

2007년 8월
조현삼 목사

| 추천사 |

나의 삶 곳곳에 남아 있는 증거들

저는 행복한 사람입니다. 십대 초반에 예수님을 인격적으로 만났고, 그 무렵 조현삼 목사님을 만났기 때문입니다. 조현삼 목사님은 저의 중학교, 고등학교시절 담당 전도사였습니다. 그 후로 지금껏 20년 가까이 목사님을 통해 하나님의 말씀을 공급받고 있습니다.

지난 시간을 되돌아보면 참 행복했다고 감히 말하고 싶습니다. 설교의 여러 주제들이 있었지만 목사님은 수년 동안 '그리스도인들이여 어떻게 말할 것인가?' 라는 제목으로 설교하셨습니다. 그때 받아놓은 유인물들이 아직도 제게 소중하게 보관되어 있습니다. 말의 힘, 능력에 대해서 목사님을 통해 들은 하나님의 말씀은 저의 삶의 곳곳에 증거로 남아 있습니다. "너희 말이 내 귀에 들린 대로 내가 너희에게 행하리라." 저는 이 말씀으로 힘 있게 설교하시는 목사님의 모습을 십대부터 보면서 자랐습니다. 입술의 열매를 지으시는 하나님을 신뢰하는 목사님을 보면서, 그 증거로서의 서울광염교회를 바라봅니다. 저의 삶에 가장 큰 영향을 미친 말씀이 무엇이냐고 묻는다면 저는 주저 없이 이 말씀을 말합니다. 민수기 14장 28절, 이사야 57장 19절, 말라기 3장 16절이 저의 삶의 중심에 있는 말씀입니다. 저 역시 지금 목회의 길을 걷는 것은 지난 날 하나님 앞에서 한 말 때문입니다. 고등학교 때, 여러 선생님과 목사님들이 제게 "너의 비전이 무엇이냐?"고 물을 때 저는 목사가 되겠다고 몇 번 이야기 했습니다. 사실 그때는 목사의 삶이 무엇인지도 제대로 모른 채 막연히 했던 말이었습니다. 그런데 십 수 년이 지난 지금 저는 목사가 되었습니다. 저는 입술의 열매를 지으시는 하나님을 믿습니다. 저의 과거의 삶을 돌아보면 부정적인 말을 거의 하지 않았던 것 같습니다. 부정적인 말은 아예 하지 않는 습관을 갖게 되었습니다. 그 입술의 열매를 지금 먹고 누리고 있습니다. 앞으로도 생각과 입술의 열매를 지으시는 하나님을 믿고 미래를 말하고 싶습니다. 그로 인한 풍성함을 믿기 때문입니다. 저의 인생을 변화시켜온 말씀을 비로소 책으로 만날 수 있게 되었습니다.

이 책을 통해서 저와 같은 인생의 수혜를 입은 수많은 사람들이 있게 되기를 바랍니다. 창조적인 인생을 살기를 희망하는 사람들에게, 미래를 두려움 없이 살기를 바라는 사람에게, 입술의 열매를 지으시는 하나님께서 주시는 선물을 기대하시는 분들에게 기쁘게 추천합니다. 사랑합니다.

서울광염교회 청년1부 담당
성백철 목사

| Contents |

Prologue – 내 인생을 바꾼 말의 힘 · 5
추천사 – 나의 삶 곳곳에 남아 있는 증거들 · 8

week 1 세상은 말로 창조되었다 · 13

week 2 말은 힘이 있다 · 33

week 3 너희 말이 내 귀에 들린 대로 행하리라 · 55

week 4 입술의 열매를 창조하는 나 여호와가 말하노라 · 81

week 5 생각은 현실화된다 · 99

week 6 생각의 파트너를 예수로 바꾸라 · 119

week 7 당신에게 축복권이 있다 · 141

week 8 칭찬은 금 같은 사람을 만든다 · 159

week 9 교훈과 책망은 지혜로운 사람을 만든다 · 185

week 10 정직한 자의 장막은 흥한다 · 213

week 11 성공하기 원하는 자여, 진실을 말하라 · 231

week 12 행복하기 원하는 자여, 남의 말을 좋게 하라 · 251

week 13 좋은 날 보기를 원하는 자여, 선한 말을 하라 · 273

week 14 말을 바꾸면 인생이 바뀐다 · 293

우리는 어려서부터 말을 배워 말을 한다.

어려서부터 너무 자연스럽게 말을 하다 보니

오히려 말에 대해 깊이 생각해 볼 기회가 없었는지 모른다.

이제부터 성경을 통해 말을 배우려고 한다.

하나님이 세상을 말로 창조하셨다.

하나님이 하나님의 형상대로 사람을 창조하셨다.

하나님이 창조한 세상을 사람에게 주시며 통치하라고 하셨다.

하나님은 사람에게 통치의 도구로 말을 주셨다.

week 1
세상은 말로 창조되었다

하나님이 세상을 창조하셨다. 우리는 하나님이 세상을 무엇으로 창조하셨는지를 주목하고자 한다. 창세기 1장에 반복되어 나오는 단어들이 있다. 그 중 하나가 '하나님이 이르시되'다. 창세기 1장을 '이르시되'를 주목해서 읽고 하나님이 말씀하신 결과가 어떻게 되었는지 살펴보려고 한다.

말로 세상을 창조하신 하나님

하나님이 이르시되

빛이 있으라 하시니

빛이 있었고(3절).

하나님이 이르시되

물 가운데에 궁창이 있어 물과 물로 나뉘라 하시고

하나님이 궁창을 만드사 궁창 아래의 물과 궁창 위의 물로 나뉘게 하시니

그대로 되니라(6-7절).

하나님이 이르시되

천하의 물이 한 곳으로 모이고 뭍이 드러나라 하시니

그대로 되니라(9절).

하나님이 이르시되

땅은 풀과 씨 맺는 채소와

각기 종류대로 씨 가진 열매 맺는 나무를 내라 하시니

그대로 되어

땅이 풀과 각기 종류대로 씨 맺는 채소와

각기 종류대로 씨 가진 열매 맺는 나무를 내니

하나님의 보시기에 좋았더라(11-12절).

하나님이 이르시되

하늘의 궁창에 광명체들이 있어 낮과 밤을 나뉘게 하고

그것들로 징조와 계절과 날과 해를 이루게 하라.

또 광명체들이 하늘의 궁창에 있어 땅을 비추라 하시니

그대로 되니라(14-15절).

하나님이 이르시되

물들은 생물을 번성하게 하라.

땅 위 하늘의 궁창에는 새가 날으라 하시고

하나님이 큰 바다 짐승들과 물에서 번성하여 움직이는 모든 생물을 그 종류대로, 날개 있는 모든 새를 그 종류대로 창조하시니 그대로 되어

하나님이 보시기에 좋았더라(20-21절).

하나님이 이르시되

땅은 생물을 그 종류대로 내되 가축과 기는 것과

땅의 짐승을 종류대로 내라 하시니

그대로 되니라(24절).

하나님이 이르시되

내가 온 지면의 씨 맺는 모든 채소와

씨 가진 열매 맺는 모든 나무를 너희에게 주노니

너희의 먹을 거리가 되리라.

또 땅의 모든 짐승과 하늘의 모든 새와

생명이 있어 땅에 기는 모든 것에게는

내가 모든 푸른 풀을 먹을 거리로 주노라 하시니

그대로 되니라(29-30절).

하나님이 말했다. 그대로 되었다. 그것이 하나님 보시기에 좋았다. 하나님이 빛이 있으라고 말하자 빛이 있었다. 하나님이 천하의 물이 한 곳으로 모이고 뭍이 드러나라고 말하자 그대로 되었다. 하나님이 말하면 그대로 되었다. 그것이 하나님 보시기에 좋았다. 이것이 하나님의 천지창조다.

사람에게 말을 주신 하나님

사람은 하나님의 형상대로 지음 받았다. 하나님의 형상이란, 의와 지식과 거룩함이다(엡 4:24, 골 3:10). 조금 더 넓게 해석하면 만물 통치권이 포함된다. 하나님의 형상대로 지음 받은 사람이 죄를 범함으로 말미암아 하나님의 형상을 잃어버렸다. 의와 지식과 거룩을 상실했다. 만물 통치권도 치명적인 손상을 입었다. 이 잃어버린 하나님의 형상을 예수 그리스도께서 다시 회복시켜 주셨다. 우리가 예수를 믿을 때 의와 거룩과 지식이 회복된다. 잃어버린 하나님의 형상이 회복된다. 하나님의 형상을 되찾게 된다.

하나님이 사람을 하나님의 형상대로 지으셨다는 말은 하나님이 하나님 자신과 닮은 사람을 창조하셨다는 의미다. 우리가 하나님 형상대로, 하나님의 모양대로 지음 받았다면 우리와 하나님이 닮은 점이 있어야 한다.

하나님도 말하고 사람도 말한다. 이것이 창세기 1장에서 찾을 수 있는 하나님과 사람의 공통점이다. 말씀과 말은 같다. 하나님이나 어른이 말을 하면 말씀이라고 하고 보통은 말이라고 한다. 성경은 하나님의 '말씀'과 사람의 '말'을 표현할 때 같은 단어를 사용한다. 말하는 하나님이, 말하는 하나님의 형상을 따라, 말하는 사람을 창조하셨다. 하나님은 하나님이 창조하신 세상을 사람에게 주시며 통치하라고 하셨다. 하나님께서 세상을 창조한 도구인 말을 세상을 통치할 사람에게 주셨다. 우리에게 지금 그 말이 있다.

혼돈하고 공허하며 흑암이 깊음 위에 있던 세상이 하나님의 창조를 통해 하나님이 보시기에 심히 좋게 바뀌었다. 하나님이 말로 하신 일이다. 그 말을 하나님은 우리에게 주셨다. 예수 그리스도로 말미암아 하나님의 형상을 회복한 우리의 말 속에는 환경을 바꾸는 능력이 있다.

혹시 지금 혼돈하고 공허하며 흑암이 깊음 위에 있는 것과 같은 상황에 처해 있지는 않는가? 그렇다면 당신이 처한 상황과 환경을 적어보라. 그것이 어떻게 바뀌기를 원하는가? 당신을 둘러싸고 있는 혼돈하고 공허하고 흑암이 깊음 위에 있는 것과 같은 상황을 향해 큰 소리로 외치라. "빛이 있으라!" 그대로 될 것이다. 당신이 처한 상황과 환경이 바뀔 것이다. 왜 이렇게 되는지는 3장과 4장을 읽으면 알게 될 것이다.

사람의 타락과 함께 변질된 말

하나님께서 사람을 창조하신 후에 그에게 창조하는 능력이 있는 말을 주셨다. 안타깝게도 사람이 죄로 말미암아 타락하면서 말도 함께 타락했다. 말 속에 있던 창조적인 능력이 파괴적으로 변질되었다. 다음 성경 말씀을 통해 말의 능력이 어떻게 변질되었는지 살펴보자.

> 혀는 곧 불이요 불의의 세계라. 혀는 우리 지체 중에서 온 몸을 더럽히고 삶의 수레바퀴를 불사르나니 그 사르는 것이 지옥 불에서 나느니라. 여러 종류의 짐승과 새와 벌레와 바다의 생물은 다 사람이 길들일 수 있고 길들여 왔거니와 혀는 능히 길들일 사람이 없나니 쉬지 아니하는 악이요 죽이는 독이 가득한 것이라(약 3:6-8).

타락한 사람의 말은 불이다. 불의의 세계다. 변질된 말이 온 몸을 더럽히고 삶의 수레바퀴를 불사른다. 죄는 창조적인 말의 능력을 쉬지 아니하는 악, 죽이는 독으로 변질시켰다.

예수님의 사역과 말

하나님께서 타락한 사람을 구원하시기 위해 그의 아들 예수 그리스도를 이 땅에 보내주셨다. 이 세상에 오신 예수님은 많은 일들을 하셨다. 이 땅에 오신 예수님이 무엇을 통해 일하셨는지 다음 성경 말씀에서 찾아보라.

예수님이 가나안 여인의 딸을 치료하실 때

이에 예수께서 대답하여 이르시되

여자여 네 믿음이 크도다 네 소원대로 되리라 하시니

그 때로부터 그의 딸이 나으니라(마 15:28).

(그대로 되니라)

예수님이 바다를 잠잠케 하실 때

예수께서 깨어 바람을 꾸짖으시며 바다더러 이르시되

잠잠하라 고요하라 하시니

바람이 그치고 아주 잔잔하여지더라(막 4:39).

(그대로 되니라)

예수님이 회당장의 딸을 살리실 때

그 아이의 손을 잡고 이르시되 달리다굼 하시니

번역하면 곧 내가 네게 말하노니 소녀야 일어나라 하심이라

<u>소녀가 곧 일어나서 걸으니 나이가 열두 살이라</u>(막 5:41-42).

(그대로 되니라)

예수님이 귀먹고 어눌한 자를 치료하실 때

하늘을 우러러 탄식하시며 그에게 이르시되

에바다 하시니 이는 열리라는 뜻이라

<u>그의 귀가 열리고 혀가 맺힌 것이 곧 풀려 말이 분명하여졌더라</u>

(막 7:34-35).

(그대로 되니라)

예수님이 나사로를 살리실 때

이 말씀을 하시고 큰 소리로 나사로야 나오라 부르시니

<u>죽은 자가 수족을 베로 동인 채로 나오는데</u>

(그대로 되니라)

그 얼굴은 수건에 싸였더라.

예수께서 이르시되 풀어 놓아 다니게 하라 하시니라(요 11:43-44).

예수님이 무화과나무를 마르게 하실 때

길 가에서 한 무화과나무를 보시고 그리고 가사 잎사귀 밖에 아무 것도 찾지 못하시고 나무에게 이르시되

이제부터 영원토록 네가 열매를 맺지 못하리라 하시니

<u>무화과나무가 곧 마른지라</u>(마 21:19).

(그대로 되니라)

이 땅에 오신 예수님의 사역 패턴 역시 하나님의 창조 패턴과 같다. 이 말씀들을 통해 우리는 이것을 확인할 수 있다.

예수님은 이 세상을 창조하신 창조주다. 성경은 예수님이 없이는 지은 것이 하나도 없다고 선언한다. 말씀으로 이 땅을 창조하신 하나님의 아들 예수 그리스도의 말 역시 창조적이다. 예수님이 말씀하시면 그대로 되었다.

예수를 믿는 사람들의 말

하나님의 말은 능력이 있다. 예수님의 말도 능력이 있다. 그렇다면 예수를 믿는 사람들의 말은 어떨까? 먼저 예수를 믿는 자들이 어떤 일들을 하게 될 것인지를 일러주신 예수님의 말씀을 들어볼 필요가 있다.

내가 진실로 진실로 너희에게 이르노니 나를 믿는 자는

내가 하는 일을 그도 할 것이요. 또한 그보다 큰일도 하리니

이는 내가 아버지께로 감이라 (요 14:12).

당신은 예수님을 믿는가? 그렇다면 다음 성경 말씀을 보라. 예수님이 당신을 향해 하시는 말씀이다.

내가 진실로 너희에게 이르노니

누구든지 이 산더러 들리어 바다에 던져지라 (말)하며

그 말하는 것이 이루어질 줄 믿고 마음에 의심하지 아니하면

그대로 되니라 (막 11:23).

하나님의 창조패턴, 예수님의 사역패턴이 예수를 믿는 사람에게서도 그대로 재연되고 있다. "하나님께서 A라고 말하니 그대로 되니라. 예수님이 A라고 말하니 그대로 되니라. 믿는 사람이 A라고 말하니 그대로 되니라." 놀랍지 않는가.

예수를 믿으면 구원 받는다. 우리는 예수를 믿어야 한다. 영생을 얻기 위해서도 예수를 믿어야 하지만, 파괴적인 말을 창

조적인 말로 회복하기 위해서도 예수를 믿어야 한다. 예수를 믿을 때 잃어버린 하나님의 형상을 회복한다. 잃어버린 말의 창조적인 능력을 회복한다. 이제 더 이상 파괴적인 말로 인생을 파괴하지 않아도 된다. 하나님이 말로 세상을 창조하셨던 것처럼 우리도 말로 보기에 심히 좋은 아름다운 세상을 만들고 그 안에서 살게 될 것이다.

철학의 '말의 힘'과 성경의 '혀의 힘'

다음 성경 말씀에서 '혀의 힘'을 주목해서 읽고 그 의미가 무엇인지 찾아보라.

> 죽고 사는 것이 혀의 힘에 달렸나니
> 혀를 쓰기 좋아하는 자는 혀의 열매를 먹으리라(잠 18:21).

죽고 사는 것이 혀의 힘에 달렸다! 영어 성경에는 이렇게 되어 있다. Death and life are in the power of the tongue. 여기 나오는 '혀'는 '말'의 대명사다. '혀의 힘'은 곧 '말의 힘'이다. 말에 능력이 있다는 성경의 선언이다.

철학 책 중에 『말의 힘』이란 소책자가 있다. 철학을 전공한 이규호박사가 쓴 책이다. 이 책은 한권 전체가 말이 힘을 다루고 있다. 이 책을 통해 알게 된 몇 가지를 당신과 함께 나누고 싶다.

요즘 철학의 주된 관심은 언어철학이다. 언어에 대한 철학의 관심은 지대하다. 이제 언어의 문제는 철학의 가장 기초적인 중심문제가 되었다. 철학자들에 따르면 아리스토텔레스 이후 줄곧 철학에 있어서 논리학이 차지하고 있었던 위치, 그리고 근세에 들어오면서 논리학을 대신해서 인식론이 차지하고 있었던 그 위치를 이제는 언어철학이 차지하게 되었다고 한다.

언어철학자들은 그들의 연구를 통해 언어가 어떠한 힘을 지니고 있는 것을 발견했다. 이들은 언어의 창조적인 기능 곧 일정한 상황 속에서 구체적으로 표현된 말이 삶을 창조하는 힘을 가졌다는 사실을 깨닫게 되었다. 그들은 이것을 현실을 형성하는 '말의 힘'이라고 했다. 이것을 깨달은 언어철학자들은 언어는 창조적이라고 선언한다.

언어는 사람의 입에서 떨어지는 말을 통해서 새로운 상황을 이룩하고 현실을 창조하기 때문이다. 그러므로 언어의 세계는 가능성의 세계이며 따라서 언어는 늘 현실을 이룩해 가는 창조적인 힘이며 우리 공동체의 연결력이라고 한다. 철학자들은 언어를 연구하는 가장 중요한 목표가 언어의 창조적인 능력을 인식하는 것이라고 주저없이 말한다.

이규호박사의 『말의 힘』을 읽으면 말의 힘을 발견한 철학자들의 흥분이 느껴진다. 철학자들은 '말의 힘'을 20세기 철학이 발견한 위대한 업적 중 하나로 여긴다. 그러나 철학자들은 "말이 힘이 있는 것은 알겠는데, 왜 말이 힘이 있는지는 모르겠다"고 솔직하게 고백하고 있다. 반면 성경은 말이 힘이 있는 이유가 무엇인지를 분명하게 가르쳐 준다. 말이 힘이 있는 이유를 우리는 3장과 4장에서 함께 나누게 될 것이다.

이규호박사의 『말의 힘』을 읽을 때 나는 이미 성경을 통해 말이 능력이 있는 것을 알고 있었다. 하지만 철학에서 이것을 '말의 힘'이라고 개념화해서 한마디로 명료하게 정의한 것 같이 성경에 기록되어 있지는 않다고 생각했다. 말이 능력이 있다는 성경의 진리를 철학자들이 '말의 힘'이라는 용어로 잘 표현했다고 생각했다. 그런데 어느 날, 전부터 익숙하게 알고 있던 잠언 18장 21절 말씀에서 '혀의 힘' 곧 '말의 힘'을 발견했으니 얼마나 흥분이 되었겠는가. "아, 역시 성경은 진리다!" 성경에서 '말의 힘'을 발견한 것은 특별한 은혜다. 철학자들이

'말의 힘'을 발견했다고 흥분하기 무려 3천 년, 그 이전에 이미 하나님께서는 그것을 성경에 기록해 놓으셨다. 그것을 발견한 것이다.

철학자들이 성경이 아닌 사유의 과정을 통해 말에 능력이 있다는 사실을 발견하고 '말의 힘'이라고 개념화 한 것은 대단한 일이다. 그러나 말의 힘은 철학자들의 위대한 발견이기 이전에 성경이 가르치는 진리다. 안타깝게도 성경이 말하는 이 진리를 교회보다 철학이나 세상에서 더 힘 있게 증거하고 있는 것 같다. 안타깝게도 사람들 중에는 아직도 '말의 힘'을 철학자들의 것, 세상의 것으로 알고 그것을 교회가 따라하고, 복제한 것으로 오해하는 이들도 있다.

만약 당신이 이 책을 통해 처음으로 말이 능력이 있다는 것을 알게 되었다면 축하의 박수를 보내고 싶다. 왜냐하면 말의 힘을 알고 사는 삶과 이것을 모르고 사는 삶 사이에는 큰 차이가 있기 때문이다.

STUDY GUIDE

1. 하나님이 세상을 창조하셨다. 하나님이 세상을 창조하신 도구는 무엇인가? 창세기 1장에서 찾아보라.

2. 사람은 하나님의 형상대로 지음받았다. 하나님의 형상이란 무엇인가(엡 4:24, 골 3:10)?

3. 당신이 하나님 형상대로, 하나님의 모양대로 지음 받았다면 당신과 하나님이 닮은 점이 있어야 한다. 당신과 하나님의 공통점을 창세기 1장에서 찾아보라.

4. 하나님이 창조하신 세상을 사람에게 주시며 통치하라고 하셨다. 하나님께서 세상을 창조한 도구인 말을 세상을 통치할 사람에게도 주셨다. 당신에게 지금 이 말이 있다. 당신은 이 말로 세상을 어떻게 통치하고 있는가?

STUDY GUIDE

5. 예수 그리스도로 말미암아 하나님의 형상을 회복한 당신의 말 속에는 환경을 바꾸는 능력이 들어있다. 혹시 지금 당신은 혼돈하고 공허하며 흑암이 깊음 위에 있는 것과 같은 상황에 처해 있지는 않는가? 당신의 말로 당신의 상황을 바꾸고 당신의 환경을 바꾸라.

6. 사람이 타락하면서 말도 타락했다. 말 속에 있던 창조적인 능력이 파괴적으로 변질되었다. 다음 성경 말씀을 통해 말의 능력이 어떻게 변질되있는지 살펴보라(약 3:6-9).

7. 타락한 사람을 구원하시기 위해 이 세상에 오신 예수님은 많은 일들을 하셨다. 다음 성경 말씀을 읽고 예수님이 무엇을 통해 일하셨는지 찾아보라(마 15:28, 막 4:39, 막 5:41-42, 막 7:34-35, 요 11:43-44, 마 21:19).

STUDY GUIDE

8. 말씀으로 이 땅을 창조하신 하나님이 사람의 몸을 입고 이 땅에 오셨다. 그분이 예수님이다. 예수님의 말은 여전히 창조적인 능력이 있었다. 예수를 믿는 사람에게는 이것이 어떤 영향을 미치는가? 예수 믿는 사람의 말에 어떤 변화가 나타났는가(요 14:12, 막 11:23)?

9. 잠언 18장 21절을 '혀의 힘'을 주목해서 읽고 그 의미가 무엇인지를 말해 보라.

10. 철학자들이 사유의 과정을 통해 말이 창조적인 능력이 있음을 깨닫고 그것을 무엇이라고 표현했는가?

STUDY GUIDE

11. 세상을 말로 창조하신 하나님은 그 형상대로 지으신 우리에게도 동일하게 말의 힘을 주셨다. 세상을 통치하는 도구로 말을 주셨다. 혀의 힘을 주셨다. 하나님이 주신 말에는 힘이 있다. 능력이 있다. 말에 힘이 있다는 것을 새롭게 알게 되었다면 이 사실이 당신에게 어떻게 다가오는가?

12. week 1을 통해 받은 은혜를 함께 나누라.

말은 힘이 있다.

말 속에 어떤 힘이 있는가?

우리는 week 2를 통해 말의 능력 네 가지를 공부한다.

말은 치료하기도 하고 병들게도 한다.

말은 살리기도 하고 죽이기도 한다.

말은 흥하게도 하고 망하게도 한다.

말은 행복하게도 하고 불행하게도 한다.

week 2
말은 힘이 있다

하나님이 세상을 창조하신 것을 보아도 말은 힘이 있다. 예수님이 이 세상에 오셔서 하신 일들을 보아도 말은 힘이 있다. 성경에 기록된 '혀의 힘'을 보아도 말은 힘이 있다. 말 속에는 어떤 힘이 있을까? 성경을 통해 말 속에 있는 힘을 찾아보면 말은 사람을 치료하기도 하고 병들게도 한다. 말은 사람을 살리기도 하고 죽이기도 한다. 말은 사람을 흥하게도 하고 망하게도 한다. 말은 사람을 행복하게도 하고 불행하게도 한다. 말 속에는 이런 힘이 있다. 하나님이 사람에게 주신 말, 예수 그리스도로 말미암아 회복된 사람의 말 속에는 사람을 치료하고, 살리고, 흥하게 하고, 행복하게 하는 힘이 들어 있다. 그러나 반대로 타락한 말은 사람을 병들게 하고, 죽게 하고, 망하게 하고, 불행하게 한다.

치료하는 말

칼로 찌름같이 함부로 말하는 자가 있거니와

지혜로운 자의 혀는 양약과 같으니라(잠 12:18).

Reckless words pierce like a sword,

but the tongue of the wise brings healing [NIV].

온순한 혀는 곧 생명 나무이지만 패역한 혀는 마음을 상하게 하느니라(잠 15:4).

The tongue that brings healing is a tree of life,

but a deceitful tongue crushes the spirit [NIV].

이 두 구절에 나오는 '양약'과 '온순한'은 구약성경을 기록한 히브리어로 같은 뜻의 단어다. '마르페'라고 하는 이 단어의 어원은 치료란 의미의 '라파'다. 우리에게는 여호와 라파, 곧 치료하시는 하나님이라는 말로 잘 알려져 있다. 영어성경을 참고하면 이해가 쉬울 것이다.

말은 사람을 치료하기도 하고 병들게도 한다. 이것이 말의 힘이다. 말은 마음이 상한 것과 몸이 병든 것을 치료할 뿐 아니라 관계도 치료한다. 관계가 회복되었다는 말은 곧 관계가 치료받았다는 말이다. 혹시 당신에게 치료 받아야 할 몸과 마음과 관계가 있다면 말로 치료하라.

치료하는 말은 어떤 말인가?

선한 말은 꿀송이 같아서 마음에 달고 뼈에 양약이 되느니라(잠 16:24).

선한 말이 치료한다. 선한 말은 어떤 말인가?

오직 덕을 세우는 데 소용되는 대로 선한 말을 하여
듣는 자들에게 은혜를 끼치게 하라(엡 4:29).
선한 말은 그것(마음)을 즐겁게 하느니라(잠 12:25).

'선한'은 히브리어로 '노암'이다. 이 단어에는 '기쁨을 주는, 아름다운, 친절한, 은혜스러운'이라는 의미가 들어있다. 기쁨을 주는 말, 아름다운 말, 친절한 말, 은혜스러운 말이 선한 말이다.

성경을 보면 하나님이 "이런 말은 하라. 저런 말은 하지 말라"고 말씀하신다. 하나님이 하라고 하는 말이 선한 말이고 하나님이 하지 말라고 하는 말이 악한 말이다. 이 부분은 뒤에서 구체적으로 다룰 것이다. 여기서 선한 말 중 하나인 위로를 살펴보려고 한다.

너희의 하나님이 이르시되 너희는 위로하라 내 백성을 위로하라(사 40:1).
그러므로 이러한 말로 서로 위로하라(살전 4:18).

위로하는 말이 선한 말이다. 위로는 마음이 상한 자나 고통을 겪고 있는 자에게 해주는 따뜻한 말이다. 우리는 모두 누군가의 위로가 필요하다. 동시에 누군가는 우리의 위로가 필요하다. 위로받고 위로하며 사는 게 인생이다. 지금 당신의 위로가 필요한 사람을 찾아 위로하라.

하나님은 어미가 자식을 위로함 같이 내가 너희를 위로할 것인즉 너희가 예루살렘에서 위로를 받으리라(사 66:13)고 하셨다. 하나님은 우리의 모든 환난 중에서 우리를 위로하사 우리로 하여금 하나님께 받는 위로로써 모든 환난 중에 있는 자들을 능히 위로하게 하시는 이시다(고후 1:4). 다음 말씀을 통해 보아스의 어떤 말이 룻에게 위로가 되었는지 살펴보라.

보아스 : 내 딸아, 들으라. 이삭을 주우러 다른 밭으로 가지 말며 여기서 떠나지 말고 나의 소녀들과 함께 있으라. 그들이 베는 밭을 보고 그들을 따르라. 내가 그 소년들에게 명령하여 너를 건드리지 말라 하였느니라. 목이 마르거든 그릇에 가서 소년들이 길어 온 것을 마실지니라.

룻 : (엎드려 얼굴을 땅에 대고 절하며) 나는 이방 여인이거늘 당신이 어찌하여 내게 은혜를 베푸시며 나를 돌보시나이까?

보아스 : 네 남편이 죽은 후로 네가 시어머니에게 행한 모든 것과 네

부모와 고국을 떠나 전에 알지 못하던 백성에게로 온 일이 내게 분명히 알려졌느니라. 여호와께서 네가 행한 일에 보답하시기를 원하며 이스라엘의 하나님 여호와께서 그의 날개 아래에 보호를 받으러 온 네게 온전한 상주시기를 원하노라.

룻 : 내 주여 내가 당신께 은혜 입기를 원하나이다. 나는 당신의 하녀 중의 하나와도 같지 못하오나 당신이 이 하녀를 위로하시고 마음을 기쁘게 하는 말씀을 하셨나이다.

보아스의 따뜻한 말, 배려하는 말, 알아주는 말, 친절한 말, 축복하는 말이 룻에게 위로가 되었다.

선한 말이 치료하는 과정을 살펴보자.

근심이 사람의 마음에 있으면 그것으로 번뇌하게 되나,
선한 말은 그것을 즐겁게 하느니라(잠 12:25).

선한 말은 꿀송이 같아서 마음에 달다. 마음을 즐겁게 한다. 이것은 뼈에 양약이 된다. 양약이란 말은 이미 앞에서 살펴본 대로 치료한다는 뜻이다. 곧 선한 말은 마음을 즐겁게 하고 이 즐거움이 뼈를 치료한다는 의미다. 여기서 뼈는 육체를 가리키는 대명사이기도 하고 뼈 자체이기도 하다. 뼈가 하는 중요한 역할은 조혈기능이다. 뼈는 피를 만드는 공장이다. 선한 말은 바로 이 피를 만드는 공장인 뼈를 치료한다.

보고에 의하면 우리의 뼈는 눈 깜짝하는 순간에 120만 개의 적혈구를 만든다. 동시에 120만 개의 적혈구가 120일의 수명을 다하고 죽는다. 지금 이 순간에도 우리의 늑골, 두개골, 척추에 있는 골수에서는 피를 계속 만들어내고 있다. 이 뼈는 일평생 500Kg이상의 피를 만들어낸다. 이 피를 만드는 중요한 뼈에 특효약이 있다. 그것이 선한 말이다. 부작용도 없는 보약이다. 선한 말은 인류가 지금까지 사용한 약 중 가장 효과 있는 명약이다.

잠언 15장 4절은 "온순한 혀는 곧 생명 나무"라고 가르쳐 준다. 이 '온순한'의 의미는 앞에서 살펴본 대로 '치료하는'이다. 치료하는 말은 생명나무라는 말이다. 생명나무는 창세기에 나오고 요한계시록에 나온다. 생명나무 실과를 먹으면 산다. 생명나무와 같은 말을 들으면 사람이 살아난다. 당신은 말을 통해 상한 마음과 아픈 몸과 깨어진 관계가 치료받은 경험이 있는가? 당신의 몸과 마음과 관계를 치료해 준 생명나무 열매와 같은 말은 어떤 말인가?

병들게 하는 말

선한 말은 사람을 치료하지만 악한 말은 사람을 병들게 한다. 사람을 병들게 하는 악한 말이 어떤 말인지 다음 성경 말씀에서 찾아보자.

> 칼로 찌름 같이 함부로 말하는 자가 있거니와
> 지혜로운 자의 혀는 양약과 같으니라(잠 12:18).
> 뱀 같이 그 혀를 날카롭게 하니
> 그 입술 아래에는 독사의 독이 있나이다(시 140:3).
> 그들의 목구멍은 열린 무덤이요, 그 혀로는 속임을 일삼으며
> 그 입술에는 독사의 독이 있고 그 입에는 저주와 악독이 가득하고 (롬 3:13-14).

함부로 하는 말, 독한 말, 날카로운 말은 마음을 상하게 한다. 몸을 상하게 한다. 관계를 상하게 한다. 당신은 말로 인해 마음이 상하고, 몸이 상하고, 관계가 깨어진 경험이 있을 것이다. 어떤 말이 당신을 그렇게 아프게 했는가?

다른 사람이 당신에게 늘 사려 깊은 말만 하는 것은 아니다. 당신을 치료하는 말만 하는 것이 아니다. 때로는 마음을 상하게 하는 말을 한다. 그럴 때마다 마음이 상하고 몸이 상한다면 참으로 안타까운 일이다. 마음 상하게 하는 말을 듣고도 마음 상하지 않는 것이 능력이다.

마음 상하는 말을 들을 때 당신은 어떻게 하는가? 마음 상하는 말을 듣고도 마음 상하지 않는 방법이 있을까? 예수를 믿는 자는 무슨 독을 마실지라도 해를 받지 않을 것이라는 예수님의 말씀에 답이 있다.

살리는 말, 죽이는 말

죽고 사는 것이 혀의 힘에 달렸나니

혀를 쓰기 좋아하는 자는 혀의 열매를 먹으리라(잠 18:21).

혀는 능히 길들일 사람이 없나니 쉬지 아니하는 악이요,

죽이는 독이 가득한 것이라(약 3:8).

그들의 혀는 죽이는 화살이라(렘 9:8).

입을 지키는 자는 자기의 생명을 보존하느니라(잠 13:3).

살고 죽는 것이 혀의 힘에 달렸다. 말은 사람을 살리기도 하

고 죽이기도 하는 힘이 있다. 우리의 말 속에 이 능력이 들어 있다. 성경에 죽은 자가 살아나는 역사가 기록되어 있다. 찾아보라. 무엇으로 이 죽은 사람을 살렸는지. 예수님이 살린 사람도, 사도들이 살린 사람도 찾아보라. 거기 말이 있을 것이다.

사람을 살리는 말은 어떤 말이고 죽이는 말은 어떤 말인가? 말 중에는 죽음을 청하는 말도 있다. 어떤 말들이 죽음을 부르는 말들인가? 혹시 습관적으로 죽겠다는 말을 반복하고 있지는 않는가?

날카로운 칼 같은 말, 화살 같이 독한 말, 뱀 같이 그 혀를 날카롭게 하는 독사의 독이 있는 말, 함부로 하는 말이 사람을 죽이는 말이다.

흥하게 하는 말, 망하게 하는 말

악인은 입으로 그의 이웃을 망하게 하여도(잠 11:9).

사악한 자의 패역은 자기를 망하게 하느니라(잠 11:3).

입이 미련한 자는 멸망하느니라(잠 10:10).

미련한 자의 입은 멸망에 가까우니라(잠 10:14).

미련한 자의 입은 그의 멸망이 되고

그의 입술은 그의 영혼의 그물이 되느니라(잠 18:7).

거짓 증인은 벌을 면하지 못할 것이요, 거짓말을 뱉는 자는 망할 것이니라(잠 19:9).

성읍은 정직한 자의 축복으로 인하여 진흥하고

악한 자의 입으로 말미암아 무너지느니라(잠 11:11).

말로 이웃을 망하게 하고, 말로 자기를 망하게 한다. 입이 미련한 자는 망한다. 축복도 말이다. 정직한 자의 말로 인하여 성읍이 진흥하고 악한 자의 말로 인하여 성읍이 무너진다. 말에 따라 흥하기도 하고 망하기도 한다. 우리의 말이 흥망을 가른다. 말은 흥하게 하고 망하게 하는 힘이 있다.

행복과 불행의 언어

사람은 입에서 나오는 열매로 말미암아 배부르게 되나니

곧 그의 입술에서 나는 것으로 말미암아 만족하게 되느니라(잠 18:20).

사람은 그 입의 대답으로 말미암아 기쁨을 얻나니

때에 맞는 말이 얼마나 아름다운고(잠 15:23).

의인의 입술은 기쁘게 할 것을 알거늘

악인의 입은 패역을 말하느니라(잠 10:32).

근심이 사람의 마음에 있으면 그것으로 번뇌하게 되나

선한 말은 그것을 즐겁게 하느니라(잠 12:25).

사람은 입의 열매로 인하여 복록을 누리거니와

마음이 궤사한 자는 강포를 당하느니라(잠 13:2).

의로운 입술은 왕들의 기뻐하는 것이요,

정직히 말하는 자는 그들의 사랑을 입느니라(잠 16:13).

선한 말은 꿀송이 같아서 마음에 달고 뼈에 양약이 되느니라(잠 16:24).

패역한 자는 다툼을 일으키고

말쟁이는 친한 벗을 이간하느니라(잠 16:28).

미련한 자의 입술은 다툼을 일으키고 그의 입은 매를 자청하느니라(잠 18:6).

이 말씀들에 나오는 '만족하다, 기쁘다, 즐겁다, 복록을 누린다, 마음에 달다'를 모두 다 담아 표현할 수 있는 가장 적절한 단어가 행복이다. 마음이 상하고 다투는 상태는 불행이다.

말은 당신을 행복하게도 하고 불행하게도 한다. 행복과 불행이 당신의 말에 달려 있다. 사람의 입에서 나오는 말로 행복할 수도 있고 불행할 수도 있다. 행복한 사람은 행복의 언어를 갖고 있고, 불행한 사람은 불행의 언어를 갖고 있다. 당신은 어떤 언어를 갖고 있는가?

행복하게 하는 말은 어떤 말이고 불행하게 하는 말은 어떤 말인가? 당신은 어떤 말을 들을 때 행복한가?

들으면 행복해지는 말 중에 하나가 사랑한다는 말이다. 만약 당신이 누군가에게 "나의 사랑 너는 어여쁘고 아무 흠이 없구나"란 말을 들었다면 얼마나 행복하겠는가. 사랑하면 사랑한다고 말해야 한다. 사랑하면 되지 그것을 굳이 말로 해야 하느냐고 반문하는 경우가 있다. 사랑은 마음으로 하는 것이다. 또한 사랑은 말로 하는 것이다. 그리고 몸으로, 행동으로 하는 것이다. 마음으로 믿고 입으로 시인하는 것이 믿음인 것처럼, 사랑은 마음으로 하고 입으로 고백하는 것이다. 마음에 있는 사랑을 입으로 시인하면 사랑은 더욱 풍성해진다. 사랑한다는 말이 가득한 아가서를 보고 당신도 사람들을 향해 이렇게 말해 보라.

나의 사랑하는 자는 내 품 가운데 몰약 향주머니요(아 1:13).

나의 사랑하는 자는 내게 엔게디 포도원의 고벨화 송이로구나(아 1:14).

나의 사랑하는 자야 너는 어여쁘고 화창하다(아 1:16).

내 사랑하는 자의 목소리로구나(아 2:8).

내 사랑하는 자는 노루와도 같고 어린 사슴과도 같아서(아 2:9).

나의 사랑하는 자가 내게 말하여 이르기를

나의 사랑, 내 어여쁜 자야 일어나서 함께 가자(아 2:10).

내 사랑하는 자는 내게 속하였고 나는 그에게 속하였도다(아 2:16).

나의 사랑 너는 어여쁘고 아무 흠이 없구나(아 4:7).

나의 사랑하는 자가 그 동산에 들어가서 그 아름다운 열매 먹기를 원하노라(아 4:16).

나의 사랑하는 사람들아 많이 마시라(아 5:1).

내 사랑하는 자는 희고도 붉어 많은 사람 가운데에 뛰어나구나(아 5:10).

내 사랑하는 자야 우리가 함께 들로 가서 동네에서 유숙하자(아 7:11).

내 사랑하는 자가 원하기 전에는 흔들지 말며 깨우지 말지니라(아 8:4).

나의 사랑하는 자야 너는 빨리 달리라(아 8:14).

너희가 내 사랑하는 자를 만나거든 내가 사랑하므로 병이 났다고 하려무나(아 5:8).

내가 잘지라도 마음은 깨었는데 나의 사랑하는 자의 소리가 들리는구나(아 5:2).

남자들 중에 나의 사랑하는 자는 수풀 가운데 사과나무 같구나(아 2:3).

예루살렘 딸들아 이는 내 사랑하는 자요 나의 친구로다(아 5:16).

내가 내 사랑을 네게 주리라(아 7:12).

내가 내 사랑하는 자 너를 위하여 쌓아 둔 것이로다(아 7:13).

내 사랑하는 자는 내게 속하였고 나는 그에게 속하였도다(아 2:16).

나는 내 사랑하는 자에게 속하였도다 그가 나를 사모하는구나(아 7:10).

인생의 핸들, 말

말은 힘이 있다. 말은 사람을 치료하기도 하고 병들게 하기도 한다. 말은 사람을 살리기도 하고 죽이기도 한다. 말은 사람을 흥하게도 하고 망하게도 한다. 말은 사람을 행복하게도 하고 불행하게도 한다. 만약 당신이 치료받기를 원하고, 살기를 원하고, 흥하기를 원하고, 행복하기를 원한다면 야고보서 3장 2-6절 말씀을 보라.

우리가 다 실수가 많으니 만일 말에 실수가 없는 자라면 곧 온전한 사람이라. 능히 온 몸도 굴레 씌우리라. 우리가 말들의 입에 재갈 물리는 것은 우리에게 순종하게 하려고 그 온 몸을 제어하는 것이라. 또 배를 보라! 그렇게 크고 광풍에 밀려가는 것들을 지극히 작은 키로써 사공의 뜻대로 운행하나니 이와 같이 혀도 작은 지체로되 큰 것을 자랑하도다. 보라, 얼마나 작은 불이 얼마나 많은 나무를 태우는가. 혀는 곧 불이요 불의의 세계라 혀는 우리 지체 중에서 온 몸을 더럽히고 삶의 수레바퀴를 불사르나니 그 사르는 것이 지옥 불에서 나느니라.

말(馬)에게 물리는 재갈, 배의 키, 자동차의 핸들, 비행기의 조종간들은 모양은 다르지만 같은 역할을 한다. 나아갈 방향을 결정한다. 사람의 몸에서 재갈, 키, 핸들, 조종간의 역할을 하는 것은 무엇일까? 인생은 머리에 달렸다고 생각하는 사람들이 있다. 머리가 좋고 나쁨으로 인생이 결정된다고 생각하는 사람들이다.

놀랍게도 인생의 핸들은 말이다. 인생은 말에 달렸다. 말하는 대로 인생은 돌아간다. 오른쪽이라고 말하면 인생은 오른쪽으로 돌아간다. 직진이라고 말하면 인생은 앞을 향해 나간다. 사람은 자신이 던진 말을 따라간다. 말을 앞세우고 그 뒤를 따라가는 것이 인생이다.

말로 사람이 더럽게 된다는 것은 더러운 말을 하면 당신의 몸이 그 말을 따라 더러운 곳으로 가게 된다는 의미다. 더러운 말은 단순히 듣는 사람들을 불편하게 하는 것으로만 끝나는 것이 아니다. 말하는 자신의 인생을 더럽히는 이런 치명적인 영향을 미친다.

   당신이 평소에 자주 하는 말들을 생각해 보라. 그리고 당신의 인생을 한번 살펴보라. 당신이 자주 하고 있는 말과 당신의 인생이 일치함을 발견할 것이다. 당신의 오늘은 어제 당신이 한 말의 열매다. 오늘 당신이 하고 있는 말을 보면 당신의 내일을 알 수 있다.

   당신은 당신의 인생이 어떤 쪽으로 흐르기를 원하는가? 좋은 날을 보기를 원하는가? 그렇다면 그쪽으로 키를 돌리라. 핸들을 돌리라. 키를 돌리면 당신은 좋은 날을 보게 될 것이다. 인생의 키는 말이다. 인생의 핸들은 당신의 말이다.

STUDY GUIDE

1. 말은 힘이 있다. 말 속에 어떤 힘이 있는지 다음 성경 말씀을 통해 찾아보라(잠 12:18, 15:4).

2. 말은 사람을 치료하기도 하고 병들게도 한다. 이것이 말의 힘이다. 말이 치료한다. 치료하는 말은 어떤 말인가(잠 16:24, 엡 4:29, 잠 12:25)?

3. 선한 말은 사람을 치료하지만 악한 말은 사람을 병들게 한다. 사람을 병들게 하는 악한 말은 어떤 말인가(잠 12:18, 시 140:3, 롬 3:13-14)?

4. 다음 성경 말씀에서 말이 어떤 힘이 있는지 찾아보라(잠 18:21, 약 3:8, 렘 9:8, 잠 13:3).

STUDY GUIDE

5. 살고 죽는 것이 혀의 힘에 달렸다. 말은 사람을 살리기도 하고 죽이기도 하는 힘이 있다. 당신의 말 속에 이 힘이 들어있다. 어떤 말들이 사람을 죽이는 말인가?

6. 말에는 또 어떤 힘이 있는가(잠 11:3, 11:9, 10:10, 10:14, 18:7, 19:9, 11:11)?

7. 말은 흥하게 하고 망하게 하는 힘이 있다. 흥하게 하는 말은 어떤 말이고, 망하게 하는 말은 어떤 말인가?

8. 다음 성경 말씀들을 통해 말에 어떤 힘이 있는지 찾아보라(잠 18:20, 15:23, 10:32, 12:25, 13:2, 16:13, 16:24, 16:28, 18:6).

STUDY GUIDE

9. 말은 당신을 행복하게도 하고 불행하게도 하는 힘이 있다. 행복과 불행이 당신의 말에 달려 있다. 사람의 입에서 나오는 말로 행복할 수도 있고 불행할 수도 있다. 행복하게 하는 말은 어떤 말이고 불행하게 하는 말은 어떤 말인가?

10. 말은 힘이 있다. 말은 사람을 치료하기도 하고 병들게 하기도 한다. 말은 사람을 살리기도 하고 죽이기도 한다. 말은 사람을 흥하게도 하고 망하게도 한다. 말은 사람을 행복하게도 하고 불행하게도 한다. 당신은 어떻게 되기를 원하는가? 만약 당신이 치료받기를 원하고, 살기를 원하고, 흥하기를 원하고, 행복하기를 원한다면 야고보서 3장 2-6절 말씀을 보라.

STUDY GUIDE

11. 말(馬)에게 물리는 재갈, 배의 키, 자동차의 핸들, 비행기의 조종간의 공통점은 무엇인가? 사람의 몸에서 재갈, 키, 핸들, 조종간의 역할을 하는 것은 무엇인가?

12. 당신은 당신의 인생이 어떤 쪽으로 흐르기를 원하는가? 좋은 날을 보기를 원하는가? 그렇다면 그쪽으로 키를 돌리라. 핸들을 돌리라. 키를 돌리면 당신은 좋은 날을 보게 될 것이다. 인생의 키는 말이다. 인생의 핸들은 당신의 말이다.

13. week 2를 통해 배운 것을 정리하고 당신이 받은 은혜를 나누라.

지금까지 우리는 말이 힘이 있다는 사실을 배웠다.
week 3에서는 말의 힘, 그 근원을 찾아보려고 한다.
말이 힘이 있는 것은 하나님이 살아계시기 때문이다.
"너희 말이 내 귀에 들린대로 내가 너희에게 행하리라."
이 하나님이 지금도 살아계시기 때문에 말이 힘이 있다.

week 3
너희 말이 내 귀에 들린 대로 행하리라

말은 힘이 있다. 말이 힘이 있는 이유는 무엇일까? 철학자들이 궁금해 했던, 철학자들이 알지 못했던 말이 힘이 있는 이유를 성경은 분명하게 가르쳐 주고 있다.

이스라엘 백성들이 애굽을 나온 지 약 2년쯤 되었을 때, 그들은 가데스 바네아에서 그들의 대표 열두 명을 뽑아 가나안 땅을 정탐하게 했다. 정탐꾼들은 40일간의 정탐을 마친 후에 돌아와서 백성들 앞에 그 결과를 보고했다. 이 과정 속에 말이 힘이 있는 이유가 들어 있다.

먼저 정탐꾼으로 갔던 열두 명 중에 두 명인 여호수아와 갈렙의 말과 나머지 열 명의 말과 열두 명의 정탐 보고를 듣고 이스라엘 백성들이 한 말을 들어보자.

여호수아와 갈렙의 말 (민 13:30, 14:7-9)

우리가 곧 올라가서 그 땅을 취하자 능히 이기리라.
우리가 두루 다니며 정탐한 땅은 심히 아름다운 땅이라. 여호와께서 우리를 기뻐하시면 우리를 그 땅으로 인도하여 들이시고 그 땅을 우리에게 주시리라. 이는 과연 젖과 꿀이 흐르는 땅이니라. 다만 여호와를 거역하지는 말라. 또 그 땅 백성을 두려워하지 말라. 그들은 우리의 먹이라. 그들의 보호자는 그들에게서 떠났고 여호와는 우리와 함께 하시느니라. 그들을 두려워하지 말라.

열 명의 정탐꾼의 말(민 13:31-33)
우리는 능히 올라가서 그 백성을 치지 못하리라. 그들은 우리보다 강하니라 하고 이스라엘 자손 앞에서 그 정탐한 땅을 악평하여 이르되 우리가 두루 다니며 정탐한 땅은 그 거주민을 삼키는 땅이요, 거기서 본 모든 백성은 신장이 장대한 자들이며 거기서 네피림 후손인 아낙 자손의 거인들을 보았나니 우리는 스스로 보기에도 메뚜기 같으니 그들이 보기에도 그와 같았을 것이니라.

정탐꾼들의 말을 들은 이스라엘 백성들의 말(민 14:1-3)
온 회중이 소리를 높여 부르짖으며 백성이 밤새도록 통곡하였더라. 이스라엘 자손이 다 모세와 아론을 원망하며 온 회중이 그들에게 이르되 우리가 애굽 땅에서 죽었거나 이 광야에서 죽었으면 좋았을 것을 어찌하여 여호와가 우리를 그 땅으로 인도하여 칼에 쓰러지게 하려 하는가. 우리 처자가 사로잡히리니 애굽으로 돌아가는 것이 낫지 아니하랴.

서로 다른 정탐꾼들의 말

 이 열두 명은 같은 기간 동안 같은 땅을 정탐하고 돌아온 사람들이다. 그러나 둘로 나뉜 그들의 말은 전혀 달랐다. 왜 이런 차이가 생겼을까? 이스라엘 백성들은 상반된 정탐꾼들의 말을 들었다. 여호수아와 갈렙의 말도 들었고, 나머지 열 명의 정탐꾼의 말도 들었다. 그런데 그들은 한결같이 열 명의 말을 택했다. 왜 그랬을까?

 사실 이런 일들은 오늘날에도 재연되고 있다. 한 가지 사건을 같이 보고도 그 말이 전혀 다른 경우가 있다. 우리는 어떤 사건이나 사물을 있는 그대로 객관적으로 본다고 생각한다. 그러나 실상 우리는 우리 마음대로 본다. 때로 어떻게 그렇게 마음대로 보고 마음대로 말하느냐고 다른 사람을 꾸짖기도 한다. 그러나 이것이 사람이다. 사람은 자기 마음대로 보고 자기 마음대로 듣고 자기 마음대로 말하는 존재다.

 그렇기 때문에 사람은 그 마음이 어떠하냐가 중요하다. 그 마음이 욕심으로 가득한 사람도 있고, 사랑으로 충만한 사람도 있다. 마음에 예수님이 있는 사람도 있고 없는 사람도 있다. 마음에 예수님을 모시면 세상이 달라 보인다. 예수님을 모시기 전에는 들리지 않던 설교가 들린다. 그 이유는 바로 마음에 모신 예수님을 통해 보고 듣고 말하기 때문이다.

가나안 땅을 정탐하는 중에 여호수아와 갈렙도 장대 같은 아낙 자손을 보았다. 동시에 그들은 장대 같은 아낙 자손과는 비교할 수 없는 하나님도 보았다. 그랬기에 그들은 그들은 우리의 먹이라. 그들의 보호자는 그들에게서 떠났고 여호와는 우리와 함께 하시느니라. 그들을 두려워하지 말라고 외칠 수 있었다. 그러나 안타깝게도 나머지 열 명의 정탐꾼들은 아낙 자손만 보았다.

하나님 없이 세상을 보면 절망할 수밖에 없다. 문제만 보이고 답이 보이지 않기 때문이다. 문제만 보는 사람과 문제의 정답을 함께 보는 사람의 말은 다를 수밖에 없다.

말과 그 말의 결과

먼저 이스라엘 백성들이 한 말과 그 결과가 어떻게 되었는지 살펴보자.

이스라엘 백성들이 한 말

온 회중이 소리를 높여 부르짖으며 백성이 밤새도록 통곡하였더라. 이스라엘 자손이 다 모세와 아론을 원망하며 온 회중이 그들에게 이르되 우리가 애굽 땅에서 죽었거나 이 광야에서 죽었으면 좋았을 것을 어찌하여 여호와가 우리를 그 땅으로 인도하여 칼에 쓰러지게 하려 하는가. 우리 처자가 사로잡히리니 애굽으로 돌아가는 것이 낫지 아니하랴(민 14:1-3).

여기서 주목해야 할 것은 우리가 애굽 땅에서 죽었거나 이 광야에서 죽었으면 좋았을 것이라는 말이다. 이것은 열 명의 정탐꾼들의 보고를 듣고 이스라엘 백성들이 한 말이다. 이들은 애굽의 노예에서 해방되어 이제 젖과 꿀이 흐르는 가나안 땅에서의 새 삶에 대한 기대로 부풀어 있던 사람들이다. 그런 중에 가나안 땅에 강한 족속이 자리를 잡고 있어 들어갈 수 없다는 열 명의 말을 들은 것이다. 이들이 정말 죽고 싶었을까?

사람 속이야 알 수 없는 일이지만 아마 이때 이들 마음은 살고 싶은 생각으로 가득 찼을 것이다. 어떻게든 살아야 한다는 생에 대한 강한 애착이 있었을 것이다. 그런데 놀랍게도 그들의 입에서 나온 말은 "죽었으면 좋겠다"는 것이었다. 우리도 이럴 때가 있다. 정작 소원과는 반대되는 말을 종종 한다. 결혼하고 싶으면서도 혼자 살겠다고 말하는 청년들이 있다. 빨리 죽었으면 좋겠다는 어르신들이 있다.

혹자는 사람이 흥분하면 무슨 말인들 못하겠느냐고 하며 이것을 대수롭지 않게 여길 수도 있다. 사실 많은 사람들이 화가 나거나 흥분하면 이스라엘 백성들과 같이 마음의 소원과는 반대되는 말들을 하기도 한다. 때로는 흥분하지 않고도 마음의 소원과 반대되는 말을 하기도 한다. 이렇게 한 말들이 어떤 결과를 가져오는지를 알고도 이렇게 말할 수 있을까?

이스라엘 백성들이 한 말의 결과

여호와께서 모세와 아론에게 말씀하여 이르시되 나를 원망하는 이 악한 회중에게 내가 어느 때까지 참으랴. 이스라엘 자손이 나를 향하여 원망하는 바 그 원망하는 말을 내가 들었노라. 그들에게 이르기를 여호와의 말씀에 내 삶을 두고 맹세하노라. 너희 말이 내 귀에 들린 대로 내가 너희에게 행하리니 너희 시체가 이 광야에 엎드러질 것이라. 너희 중에서 이십 세 이상으로서 계수된 자 곧 나를 원망한 자 전부가 여분네의 아들 갈렙과 눈의 아들 여호수아 외에는 내가 맹세하여 너희에게 살게 하리라 한 땅에 결단코 들어가지 못하리라. 너희가 사로잡히겠다고 말하던 너희의 유아들은 내가 인도하여 들이리니 그들은 너희가 싫어하던 땅을 보려니와 너희의 시체는 이 광야에 엎드러질 것이요, 너희의 자녀들은 너희 반역한 죄를 지고 너희의 시체가 광야에서 소멸되기까지 사십 년을 광야에서 방황하는 자가 되리라. 너희는 그 땅을 정탐한 날 수인 사십 일의 하루를 일년으로 쳐서 그 사십 년간 너희의 죄악을 담당할지니 너희는 그제서야 내가 싫어하면 어떻게 되는지를 알리라 하셨다 하라. 나 여호와가 말하였거니와 모여 나를 거역하는 이 악한 온 회중에게 내가 반드시 이같이 행하리니 그들이 이 광야에서 소멸되어 거기서 죽으리라(민 14:26-35).

이스라엘 백성들의 '이 광야에서 죽었으면 좋았을 것' 이라는 말이 하나님의 귀에 들린대로 그들에게 그대로 이루어졌다. 이때를 기준으로 이십 세 이상으로 계수함을 받은 자 중 갈렙과 여호수아 외에는 아무도 가나안 땅에 들어가지 못했다.

그들이 마음에 품고 있던 살고 싶은 소원이 이루어진 것이 아니라 입에서 나온 말대로 광야에서 죽었다. 땅이 갈라져 죽기도 하고, 여호와의 불에 소멸되기도 하고, 불뱀에 물려죽기도 하고, 염병으로 죽기도 하고, 전쟁에서 죽기도 했다. 여호수아와 갈렙 외에는 한 명도 예외 없이 사십 년을 광야에서 유리방황하며 그들의 말대로 광야에서 죽었다.

여호수아와 갈렙이 한 말과 그 결과가 어떻게 되었는지 살펴보자.

여호수아와 갈렙의 말

갈렙이 모세 앞에서 백성을 조용하게 하고 이르되 우리가 곧 올라가서 그 땅을 취하자 능히 이기리라(민 13:30).

그 땅을 정탐한 자 중 눈의 아들 여호수아와 여분네의 아들 갈렙이 자기들의 옷을 찢고 이스라엘 자손의 온 회중에게 말하여 이르되 우리가 두루 다니며 정탐한 땅은 심히 아름다운 땅이라. 여호와께서 우리를 기뻐하시면 우리를 그 땅으로 인도하여 들이시고 그 땅을 우리에게 주시리라. 이는 과연 젖과 꿀이 흐르는 땅이니라. 다만 여호와를 거역하지는 말라. 또 그 땅 백성을 두려워하지 말라. 그들은 우리 먹이라 그들의 보호자는 그들에게서 떠났고 여호와는 우리와 함께 하시느니라. 그들을 두려워하지 말라(민 14:6-9).

여호수아와 갈렙은 "우리가 곧 올라가서 그 땅을 취하자. 능히 이기리라"고 말했다. 그들의 말에는 하나님이 있고, 하나님이 하실 일이 있고, 하나님의 몫이 있다. "여호와께서 우리를 기뻐하시면 우리를 그 땅으로 인도하여 들이시고 그 땅을 우리에게 주시리라." 여호수아와 갈렙은 "여호와를 거역하지 말라. 또 그 땅 백성을 두려워하지 말라. 그들은 우리의 밥이라. 그들의 보호자는 그들에게서 떠났고 여호와는 우리와 함께 하신다"고 믿음으로 말했다.

여호수아와 갈렙의 말의 결과

여분네의 아들 갈렙과 눈의 아들 여호수아 외에는 내가 맹세하여 너희에게 살게 하리라 한 땅에 결단코 들어가지 못하리라(민 14:30).
그 땅을 정탐하러 갔던 사람들 중에서 오직 눈의 아들 여호수아와 여분네의 아들 갈렙은 생존하니라(민 14:38).

여호수아와 갈렙은 그들의 말대로 40년 후에 가나안 땅에 들어갔고 갈렙은 85세에 헤브론을 차지했다.

열 명의 정탐꾼이 한 말과 그 결과가 어떻게 되었는지 살펴보자.

열 명의 정탐꾼이 한 말

그와 함께 올라갔던 사람들은 이르되 우리는 능히 올라가서 그 백성을 치지 못하리라. 그들은 우리보다 강하니라 하고 이스라엘 자손

앞에서 그 정탐한 땅을 악평하여 이르되 우리가 두루 다니며 정탐한 땅은 그 거주민을 삼키는 땅이요, 거기서 본 모든 백성은 신장이 장대한 자들이며 거기서 네피림 후손인 아낙 자손의 거인들을 보았나니 우리는 스스로 보기에도 메뚜기 같으니 그들이 보기에도 그와 같았을 것이라(민 13:31-33).

열 명의 정탐꾼이 한 말의 결과
모세의 보냄을 받고 땅을 정탐하고 돌아와서 그 땅을 악평하여 온 회중이 모세를 원망하게 한 사람 곧 그 땅에 대하여 악평한 자들은 여호와 앞에서 재앙으로 죽었다(민 14:36-37).

열 명의 정탐꾼들은 여호와 앞에서 재앙으로 바로 죽음으로써 그들의 말대로 가나안 땅에 들어가지 못했다.

정탐꾼들의 보고를 들은 이스라엘 백성들도, 여호수아와 갈렙도, 열 명의 정탐꾼들도 모두다 그들의 말대로 되었다. 이스라엘 백성들은 "광야에서 죽었으면 좋겠다"는 그들의 말대로 광야에서 죽었고, 여호수아와 갈렙은 "올라가서 그 땅을 취하자. 능히 이기리라"는 그들의 말대로 가나안 땅에 올라가서 그 땅을 취하였고, 열 명의 정탐꾼들은 "우리는 능히 올라가서 그 백성을 치지 못하리라"는 그들의 말대로 가나안 땅에 올라가지 못했다. 다 말대로 되었다. 왜 이렇게 되었을까? 우연의 일치일까? 우리는 그 답을 정탐꾼들의 말을 듣고 밤을 새워 통곡하며 한 이스라엘 백성들의 말을 들으시고 하나님이 하신 대답 속에서 찾을 수 있다.

> 여호와께서 모세와 아론에게 말씀하여 이르시되 나를 원망하는 이 악한 회중에게 내가 어느 때까지 참으랴. 이스라엘 자손이 나를 향하여 원망하는 바 그 원망하는 말을 내가 들었노라. 그들에게 이르기를 여호와의 말씀에 내 삶을 두고 맹세하노라. 너희 말이 내 귀에 들린 대로 내가 너희에게 행하리니 너희 시체가 이 광야에 엎드러질 것이라. 너희 중에서 이십 세 이상으로서 계수된 자 곧 나를 원망한 자 전부가 여분네의 아들 갈렙과 눈의 아들 여호수아 외에는 내가 맹세하여 너희에게 살게 하리라 한 땅에 결단코 들어가지 못하리라 (민 14:26-28).

너희 말이 내 귀에 들린 대로 내가 너희에게 행하리니……. 이 말씀은 내 인생을 바꾼 말이다. 청년 시절 민수기를 읽다

"너희 말이 내 귀에 들린 대로 너희에게 행하시는 하나님"을 만났다. 그날의 감동과 충격은 말로 다할 수 없다. 호렙산에서 하나님을 만난 모세의 심정이 이렇지 않았을까 싶다. 하나님을 만난 그날부터 오늘까지 나는 늘 내 말을 들으시고 그것을 내게 행하시는 하나님을 염두에 두고 말하는 것이 습관이 되었다. 이것을 통해 받은 은혜가 크고 놀랍다.

말이 힘이 있는 것은 바로 이 때문이다. "너희 말이 내 귀에 들린 대로 내가 너희에게 행하리라"고 말씀하신 하나님이 오늘도 살아 계시기 때문이다. 하나님께서는 이스라엘 백성들의 말뿐 아니라 여호수아와 갈렙의 말도, 열 명의 정탐꾼의 말도 다 들으셨고, 그 말이 하나님의 귀에 들린 대로 하나님께서는 그들에게 행하셨다. 말이 힘이 있는 것은 말 자체에 능력이 있기 때문이 아니다. 사람의 말을 들으시고 그것을 행하시는 하나님이 계시기 때문이다. 오늘도 하나님은 우리가 하는 말을 들으신다. 그 말이 하나님의 귀에 들린 대로 우리에게 행하신다. 이것이 당신에게는 기쁜 소식인가, 아니면 슬픈 소식인가?

하나님의 귀에 들리는 말

사람이 하는 말 중에 어떤 말들이 하나님의 귀에 들리는지 찾아보자.

하나님께 한 말: 기도

아무 것도 염려하지 말고 다만 모든 일에 기도와 간구로, 너희 구할 것을 감사함으로 하나님께 아뢰라. 그리하면 모든 지각에 뛰어난 하나님의 평강이 그리스도 예수 안에서 너희 마음과 생각을 지키시리라(빌 4:6-7).

모세와 아론이 바로를 떠나 나가서 바로에게 내리신 개구리에 대하여 모세가 여호와께 간구하매 여호와께서 모세의 말대로 하시니 개구리가 집과 마당과 밭에서부터 나와서 죽은지라(출 8:12-13).

우리가 하나님을 향해 한 말을 하나님이 들으신다. 이것을 다른 말로 하면 기도다. 이 사실은 성경 전체에 걸쳐 기록되어 있다. 기도가 하나님의 귀에 들린다.

피차 주고 받은 말: 대화

그 때에 여호와를 경외하는 자들이 피차에 말하매 여호와께서 그것을 분명히 들으시고 여호와를 경외하는 자와 그 이름을 존중히 여기는 자를 위하여 여호와 앞에 있는 기념책에 기록하셨느니라(말 3:16).

사람과 사람이 주고 받는 말을 하나님이 들으신다. 우리가 피차 주고받는 말을 하나님이 분명히 들으시고 여호와 앞에 있는 기념책에 기록해 놓으신다. 원망할 때 이스라엘 백성들은 모세를 향하여 말했다. 사람에게 한 말이다. 그런데 그것을 하나님은 "내가 들었다"고 말씀하셨다. 사람을 향해 한 말인데 그것을 하나님이 들으셨다. 그리고 그 말에 하나님이 대답하셨다. 당신이 사람을 향해 하는 말을 하나님도 들으신다. 그리고 그것을 기념책에 기록하신다. 메모를 하는 것은 그것을 잊지 않기 위함이다. 그것을 잊지 않고 시행하기 위해 우리는 메모를 한다. 모든 것을 다 아시는 하나님이 메모를 한다는 것은 그것을 행하시겠다는 강한 의지의 표현이다

자기 자신과 주고받는 말: 생각

주께서 내가 앉고 일어섬을 아시며 멀리서도 나의 생각을 밝히 아시오며 나의 모든 길과 내가 눕는 것을 살펴 보셨으므로 나의 모든 행위를 익히 아시오니, 여호와여 내 혀의 말을 알지 못하시는 것이 하나도 없으시니이다(시 139:2-4).

하나님은 멀리서도 사람의 생각을 밝히 아신다. 우리가 마

음속으로 하는 말도 하나님이 들으신다. 우리가 마음속으로 하는 말은 다른 말로 하면 생각이다. 생각은 언어를 가지고 마음 안에서 자기 자신과 나누는 대화다. 마음에서 나누는, 나와 내 안에 있는 나의 대화가 생각이다. 하나님은 우리의 생각을 다 아신다. 우리가 마음에서 자기 자신과 나누는 말을 하나님이 들으신다. 듣고 대답하신다.

결론적으로 하나님은 우리가 하는 모든 말을 다 들으신다. 우리가 하는 모든 말이 하나님의 귀에 들린다. 하나님께 드리는 기도도, 다른 사람과 나누는 대화도, 우리 자신과 나누는 대화인 생각도 하나님은 다 들으신다. 시편 기자의 고백처럼 하나님은 우리의 말을 알지 못하시는 것이 하나도 없으시다. 사람의 말을 다 들으시는 하나님이 너희 말이 내 귀에 들린대로 내가 너희에게 행하리라고 말씀하시는 것이다.

막내딸이 필요한 것이 있으면 내 근처에 와서 기도한다. "하나님, 제 핸드폰이 요즘 문자가 잘 안 돼요. 아무래도 새것으로 바꿔야 할 것 같아요." 이렇게 하고는 눈 한쪽을 뜨고 나를 힐끔 본다. "하나님, 우리 아빠 마음을 감동시키셔서 제 핸드폰 좀 바꿔 주게 해 주세요." 그리고는 또 눈 한쪽을 뜨고 나를 바라본다. 그러다 눈이 마주치면 막내딸도 나도 그것을 지켜보던 아내도 활짝 웃는다. 하늘 아버지 앞에 하는 말인데 나도 들으라고 하는 말이다. 이런 귀여운 딸의 핸드폰을 어떻게 안 바꿔줄 수 있겠는가. 우리가 사람과 말을 할 때도 힐끔 하나님을 바라보면서 말을 한다면, 하나님께서는 귀여워서라도 그 말을 들어 주실 것이다. 하나님께서 우리의 말을 다 듣고 계시다는 사실이 꼭 불편한 것만은 아니다.

당신은 쉬지 말고 기도하라는 성경을 어떻게 이해하고 어떻게 실천하고 있는가? 좁은 의미의 기도는 하나님께 예수님의 이름으로 구하는 것이다. 넓은 의미의 기도는 여기에 우리의 생각과 다른 사람과 나누는 대화까지 포함된다.

당신은 그동안 쉬지 않고 기도했다. 당신은 생각했고, 말했고, 기도했다. 그것이 기도인 줄 모른 채로 쉬지 않고 기도했을 수도 있다. 이런 경우 문제는 그 기도의 내용이다. 시편 기자는 이렇게 기도했다. 내 입의 말과 마음의 묵상이 주님 앞에 **열납되기를 원하나이다**(시 19:14). 당신은 입술의 모든 말과 마음의 생각이 주님 앞에 다 열납되기를 원하는가? 다른 사람과 주고 받는 그 모든 말과 마음의 생각대로 하나님이 그대로 이루어 주셔도 좋은가? 그렇다고 대답할 수 있도록 생각하고 말하고 기도해야 한다.

하나님은 무조건 사람의 말대로 행하시는가?

그렇지 않다. 하나님은 무조건 사람의 말을 듣고 그대로 행하시는 분이 아니다. 만약 그렇다면 하나님은 우리의 주인이 아니라 종이다. 하나님은 사람의 말을 분명히 들으신다. 들으신 후에 어떻게 하실지는 전적으로 하나님의 주권에 달려 있다.

하나님이 사람의 말을 들으신 후에 무시하는 경우도 있다.

> 패역한 혀는 베임을 당할 것이니라(잠 10:31).
> 사악한 사람의 말은 패하게 하시느니라(잠 22:12).

이 말씀은 거짓말하는 자의 혀는 베임을 당할 것이고 신의가 없는 자의 말은 하나님께서 뒤엎으신다는 의미이다. 허풍떨기 좋아하는 사람의 말은 하나님께서 이루어 주시지 않는다.

하나님은 사람의 말과 반대로 행하시기도 한다. 하나님은 발람의 말을 들으시고 그 저주를 변하여 복이 되게 하신 분이다. 그리스도인들이 아무리 독한 말을 들어도 해를 받지 않는 것은 그 독한 저주를 축복으로 바꾸어 주시는 하나님이 계시기 때문이다. 이 하나님이 계시기에 예수 때문에 욕을 먹는 것이 복이다. 그래서 예수님께서는 나로 말미암아 너희를 욕하고 박해하고 거짓으로 너희를 거슬러 모든 악한 말을 할 때에는 너희에게 복이 있나니 기뻐하고 즐거워하라(마 5:11-12)고 말씀하셨다.

혹시 당신이 한 말이 하나님의 귀에 들린대로 하나님이 당신에게 행하신다는 사실을 깨닫고 두려워하고 있지는 않는가?

당신이 예수를 믿는다면 당신은 하나님의 자녀다. 하나님 아버지께서 사너 된 당신의 말을 들으시고 가장 좋은 방향으로 이루어 주실 것이다. 지난날 당신은 말에 대해 성경이 가르쳐 주는 진리를 모르고 말하기도 했을 것이다.

오늘 처음으로 하나님이 '너희 말이 내 귀에 들린대로 행하시는 분'임을 알았다면 지금부터 시작하면 된다. 혹시 지금까지 말은 그저 해 내버리는 것으로 알고 함부로 말해 왔다면 회개하면 된다. 그렇게 말했던 것이 잘못임을 깨달았다면 자백하면 된다. 하나님은 미쁘시고 의로우사 당신이 지난날 이 진리를 모르고 했던 말들을 용서해 주실 것이다. 함부로 말했던 잘못을 깨닫고 그것을 자백하면 지난날 당신이 했던 말의 쓴 열매를 당신이 먹게 되는 일은 없을 것이다.

지난날 자신이 했던 말로 인해 두려워하지 말라. 그것이 잘못임을 깨닫고 회개한 당신을 하나님이 다 용서하셨다. 예수, 그분으로 인한 은혜다. 예수는 언제나 복음이다.

STUDY GUIDE

1. 말은 힘이 있다. 말이 힘이 있는 이유는 무엇인가?

2. 가나안 땅을 정탐하고 돌아온 여호수아와 갈렙의 말과 나머지 열 명의 정탐꾼의 말 그리고 그 말을 들은 이스라엘 백성들의 말과 그 결과를 통해 말이 능력이 있는 이유를 찾아보라.

3. 이스라엘 백성들이 한 말(민 14:1-3)과 그 결과(민 14:26-35)는 어떠한가?

4. 여호수아와 갈렙의 말(민 14:6-9)과 그 결과(수 14:6-15)는 어떠한가?

STUDY GUIDE

5. 열 명의 정탐꾼이 한 말(민 13:31-33)과 그 결과(민 14:36-37)는 어떠한가?

6. 정탐꾼들과 이스라엘 백성들의 말을 다 들으신 하나님이 나타나 말씀하셨다. 이 말씀 속에서 말이 힘이 있는 이유를 찾아보라(민 14:28-30).

7. 우리가 여기서 주목하려는 것은 '우리가 애굽 땅에서 죽었거나 이 광야에서 죽었으면 좋았을 것'이라는 말이다. 이것은 열 명의 정탐꾼들의 보고를 듣고 이스라엘 백성들이 한 말이다. 이들이 정말 죽고 싶었을까?

STUDY GUIDE

8. 말이 힘이 있는 것은 말 자체에 능력이 있기 때문이 아니다. 말을 들으시고 그것을 이루시는 하나님이 계시기 때문이다. 오늘도 하나님은 당신이 하는 말을 들으시고 그 말이 하나님의 귀에 들린 대로 당신에게 행하신다. 이것이 당신에게는 기쁜 소식인가, 아니면 슬픈 소식인가? 너희 말이 내 귀에 들린 대로 너희에게 행하시는 하나님을 만난 소감이 어떤가?

9. 사람이 하는 말 중에 하나님의 귀에 들리는 말은 어떤 말들인가(빌 4:6-7, 출 8:12-13, 말 3:16, 시 139:2-4)?

10. 하나님은 우리가 하는 모든 말을 다 들으신다. 우리가 하는 모든 말이 하나님의 귀에 들린다. 하나님께 드리는 기도도, 다른 사람과 나누는 대화도, 우리 자신과 나누는 대화인 생각도 다 들으신 하나님이 말씀하신다. 너희 말이 내 귀에 들린 대로 내가 너희에게 행하리라. 당신은 그동안 쉬지 않고 기도했다. 당신은 생각했고, 말했고, 기도했다. 당신은 이 사실을 알고 생각하고, 말하고, 기도했는가?

말의 힘 77

STUDY GUIDE

11. 하나님은 무조건 사람이 한 말 그대로 이루시는가(잠 10:31, 잠 22:12)?

12. 혹시 당신의 말이 하나님의 귀에 들린 대로 하나님이 당신에게 행하신다는 사실을 깨닫고 두려워하고 있지는 않는가? 두려워 말라. 길이 있다. 그 길이 무엇인가?

13. 너희 말이 내 귀에 들린 대로 내가 너희에게 행하리라고 말씀하시는 하나님 앞에서 지금 어떤 말을 하고 싶은가?

14. week 3을 통해 깨달은 은혜를 함께 나누라.

NOTE

말은 힘이 있다.

말이 힘이 있는 이유는 하나님이 살아계시기 때문이다.

week 4에서는 입술의 열매를 창조하시는 하나님을 공부한다.

이 하나님이 계시기 때문에 말이 힘이 있는 것이다.

week 4
입술의 열매를 창조하는 나 여호와가 말하노라

말은 힘이 있다. 우리는 지금 그 말이 지닌 힘의 근원을 찾는 중이다. 이런 우리에게 하나님이 명함 한 장을 내미신다. 그 명함에는 **입술의 열매를 창조하는 여호와**라고 선명하게 쓰여 있다.

> 입술의 열매를 창조하는 자 여호와가 말하노라.
> 먼 데 있는 자에게든지 가까운 데 있는 자에게든지 평강이 있을지어다.
> 평강이 있을지어다.
> 내가 그를 고치리라 하셨느니라(사 57:19).

빠라의 하나님

하나님은 입술의 열매를 창조하시는 여호와시다. '창조'는 히브리어로 '빠라'다. 이 단어는 창세기 1장에서 하나님께서 이 세상을 창조하실 때 그 사실을 묘사하는 데 주로 사용되었다. '빠라'는 하나님을 주어로 한다. 성경은 하나님께서 무(無)에서 유(有)를 만들어내신 사실을 '빠라'로 묘사하고 있다. 또한 '빠라'는 하나님이 이미 있는 재료를 사용하여 새로운 것을 만들어내신 일에도 사용되었다. 예를 들면 흙을 빚어 사람을 만드신 일이다. 그러나 이 때에도 하나님께서 창조하신 것은 인간이 이미 있는 재료를 가지고 무엇을 만든 것과는 본질적으로 다르다. 어떤 사람이 흙을 가지고 사람을 만들 수 있겠는가. 아무리 보잘것없는 존재도 하나님께서 그것을 들어 '빠라' 하시면 세상 그 어떤 것과도 비길 수 없는 귀한 존재가 된다.

하나님은 오늘도 입술의 열매를 '빠라' 하신다. 우리가 한 말의 열매를 창조하신다. 무(無)에서 유(有)로 '빠라' 해주신다. 우리의 능력과 재능과 소유가 '빠라'의 근거나 기준이 아니다. 하나님은 우리의 입에서 나오는 말의 열매를 '빠라' 하신다. 사람이 할 수 없는 일을 전능하신 하나님이 하신다. 우리는 다만 하나님을 믿고 입술로 말할 뿐인데 전능하신 하나님은 그것을 열매로 '빠라' 해주신다. 우리 삶에는 하나님이 창조해 주신 입술의 열매들이 가득하다. 오늘도 입술이 열매를 창조하고 계시는 하나님은 나는 너를 구원한 네 하나님 여호와라고 하시면서 "네 입을 크게 열라. 내가 채우리라(시 81:10)"고 말씀하신다. 네 입을 크게 열라는 의미가 무엇일까?

뻥과 비전의 차이

우리 주변에는 뻥을 치는 사람들이 있다. 자신이 지금 처한 상황에서 전혀 불가능할 것 같은 이야기를 하는 사람들이다.

우리는 그런 사람을 뻥쟁이라고 부른다. 또 우리는 주변에서 꿈꾸는 사람을 만난다. 비저너리(Visionary)들이다. 그들 역시 지금 자신이 처한 상황에서는 전혀 불가능할 것 같은 이야기를 한다.

교회를 개척하고 얼마 되지 않았을 때 일이다. 새로 이사온 신실한 내외가 교회에 계속 나오기는 하는데 등록을 하지 않았다. 한참 지난 후에 등록했다. 심방을 갔더니 그동안 등록을 미룬 속내를 털어놓았다. 교회가 다 좋은데 아무래도 목사가 너무 뻥이 센 것 같아서 망설였다고 했다. 진땀이 났다. 어떤 말이 그렇게 들렸느냐고 조심스럽게 물었다. 주보에 실린 교회 10대 비전을 보고 그렇게 느꼈다고 대답했다.

2020년까지 이루길 소망하는 우리 교회 10대 비전은 이런 것이다.

- 전도비를 가장 많이 지출하는 교회
- 국내외에 100개 이상의 교회를 설립하는 교회
- 100명 이상의 선교사를 지원하는 교회
- 일천만 장 이상의 전도지를 전하는 교회
- 구제비를 가장 많이 지출하는 교회

- 100명 이상의 고아와 과부의 생활비를 지원하는 교회
- 일만 가정 이상을 천국의 모형으로 만드는 교회
- 예수님 닮은 인재를 가장 많이 양육하는 교회
- 100명 이상의 목회자를 양성하는 교회
- 100명 이상의 사회 각 분야 최고 지도자를 양성하는 교회

  이들 내외가 보기에 교인은 불과 몇 십 명밖에 안되는데 주보에 실린 10대 비전을 보니 엄청났다. 그래서 목사가 뻥이 센 것으로 느껴져서 등록을 망설인 것이다. 지금 생각해 보니 그럴 만도 하다. 60평짜리 상가 5층에 그나마 반은 예배당이고 반은 사택인 교회 목사가 그런 소리를 했으니 말이다. 그러나 지금은 우리교회 10대 비전을 보고 내게 뻥이 세다고 하는 사람은 없다.

  사실 뻥과 비전은 외관상으로는 같다. 입술의 열매를 창조하시는 하나님을 믿고 말하면 비전이고 하나님 없이 말하면 뻥이다. 하나님이 우리에게 주신 비전은 '거룩한 뻥'이라고 할 수 있다. 우리 함께 입술의 열매를 창조하시는 하나님을 믿고 '거룩한 뻥'을 쳐보자.

입술의 열매

성경은 말을 입의 열매 또는 입술의 열매라고 표현하고 있다.

사람은 입의 열매로 말미암아 복록에 족하며(잠 12:14).
사람은 입에서 나오는 열매로 말미암아 배부르게 되나니
곧 그의 입술에서 나는 것으로 말미암아 만족하게 되느니라(잠 18:20).
혀를 쓰기 좋아하는 자는 혀의 열매를 먹으리라(잠 18:21).

이 입술의 열매라는 표현속에는 말이 원인이 되어 어떤 결과가 나타난다는 의미가 들어있다. 말이 원인이 되어 어떤 결과가 나타나는 이유는 앞에서 우리가 살펴본대로 입술의 열매를 창조하시는 하나님이 계시기 때문이다. 우리 선조들은 성경은 몰랐지만 경험을 통해 말이 원인이 되어 어떤 결과가 나타난다는 것을 깨닫고 말이 씨가 된다는 속담을 만들었다. 그렇다. 말은 씨다. 그 열매가 오늘 우리의 삶이다. 이 속담은 지극히 성경적이다.

사람들은 누구나 밭을 하나씩 가지고 있다. 말의 씨를 심는 밭이다. 우리는 이 밭을 인생이라고 부르기도 한다. 이 밭에 사람들은 날마다 씨를 심는다. 입에서 나오는 말이 이 밭에 뿌려지는 씨다. 이 밭에는 우리가 지금까지 살아오면서 뿌린 말의 씨가 자라고 있다. 어떤 것은 이제 막 싹이 돋아났다. 어떤 것은 꽃이 활짝 피었다. 또 어떤 것은 열매가 익어 추수를 기다리고 있다. 그 중 어떤 열매는 이미 따먹기도 했다. 당신의 눈을 들어 말의 씨가 자라는 당신의 말밭을 한번 바라보라.

사람이 무엇으로 심든지 그대로 거두리라(갈 6:7)는 하나님의 진리는 입술의 열매를 추수하는 데도 그대로 적용된다. 말도 심은 대로 거둔다. 축복을 심으면 복을 거둔다. 저주를 심으면 저주를 거둔다. 악을 심으면 재앙을 거둔다. 칭찬을 심으면 영광을 거둔다. 비판을 심으면 비판을 거둔다. 용서를 심으면 평강을 거둔다. 부정적인 것을 심으면 부정적인 것을 거둔다. 깨끗한 것을 심으면 정결한 것을 거두고 더러운 것을 심으면 추한 것을 거둔다.

입술의 열매는 심은 씨의 질(質)대로 거둔다. 좋은 씨가 심겨진 밭에서는 좋은 열매가 익어가고 있다. 씨가 좋아야 열매가 좋다. 아들을 향해 심은 '지혜' 씨는 '지혜로운 아들'이라는 열매를 추수하게 된다. '행복' 씨를 뿌린 아내는 행복한 가정을 추수한다.

입술의 열매는 심은 양대로 거둔다. 가을에 수확을 많이 하기 위해서는 봄에 씨를 많이 뿌려야 한다. 이것은 지극히 당연한 원리이다. 질적으로도, 양적으로도 우리는 심은 대로 거둔다. 곧 적게 심는 자는 적게 거두고 많이 심는 자는 많이 거둔다. 입술의 열매도 마찬가지다.

입술의 열매는 누가 추수하는가?

말한 사람이 추수한다

사람은 입에서 나오는 열매로 말미암아 배부르게 되나니
곧 그의 입술에서 나는 것으로 말미암아 만족하게 되느니라(잠 18:20).
그가 저주하기를 좋아하더니 그것이 자기에게 임하고 축복하기를 기뻐하지 아니하더니 복이 그를 멀리 떠났으며 또 저주하기를 옷 입듯 하더니 저주가 물 같이 그의 몸 속으로 들어가며 기름 같이 그의 뼈 속으로 들어갔나이다(시 109:17-18).

일반적으로 씨를 뿌린 사람이 추수한다. 말한 자신이 그 열매를 먹는다. 그 입에서 나는 것으로 그 자신이 만족하게 된다. 저주하기를 좋아하면 그것이 저주한 자신에게 임한다. 다른 사람을 향해 한 저주가 자신에게 임한다. 말한 사람이 그 말의 열매를 추수한다.

말을 들은 사람이 추수한다

> 엘리가 엘가나와 그의 아내에게 축복하여 이르되 여호와께서 이 여인으로 말미암아 네게 다른 후사를 주사 이가 여호와께 간구하여 얻어 바친 아들을 대신하게 하시기를 원하노라 하였더니 그들이 자기 집으로 돌아가매 여호와께서 한나를 돌보시사 그로 하여금 임신하여 세 아들과 두 딸을 낳게 하셨고 아이 사무엘은 여호와 앞에서 자라니라(삼상 2:20-21).

말을 들은 사람이 입술의 열매를 추수하는 경우다. 엘리 제사장이 사무엘의 부모에게 한 말이 여기에 해당된다. 엘리 제사장은 사무엘을 하나님 앞에 드린 엘가나와 한나를 위해 축복의 말씨를 심었다. 이 말을 한나가 세 아들과 두 딸을 낳는 것으로 추수하였다. 제사장 엘리가 심은 말의 씨를 사무엘의 부모가 추수한 것이다.

입술의 열매는 누군가 추수한다. 그 말의 씨를 뿌린 사람이 추수하기도 하고, 그 말을 들은 사람이 추수하기도 하고, 둘이 함께 추수하기도 한다. 우리는 누가 추수해도 좋은 말의 씨를 심어야 한다.

믿음으로 말하라

'너희 말이 내 귀에 들린대로 너희에게 행하시는 하나님'을 믿는가? 입술의 열매를 창조하시는 하나님을 믿는가? 그렇다면 이제부터는 믿음으로 말해야 한다. 이 하나님을 믿고 말해야 한다.

말은 힘이 있다. 말이 힘이 있는 것은 하나님이 계시기 때문이다. 너희 말이 내 귀에 들린대로 너희에게 행하시는 하나님, 입술의 열매를 창조하시는 하나님 앞에서 믿음으로 말하고 싶지 않은가? 믿음으로 말하는 것은 어떻게 말하는 것인가?

우선 믿음이 무엇인지부터 살펴보자.

> 믿음은 바라는 것들의 실상이요 보이지 않는 것들의 증거니(히 11:1).

실상이 있고 바라는 것들의 실상이 있다. 사람들은 보통 실상을 말한다. 눈에 보이는 것을 말한다. 좀 더 쉽게 풀어 설명하겠다. 자녀가 있다. 부모 된 우리가 자녀를 바라보면 그 자녀의 '실상'이 있고 그 자녀에게 우리가 '바라는 것들의 실상'이 있다. 예를 들어 그 자녀의 싹이 노랗다고 하자. 이러면 소망이 없다. 커서 무엇이 될지 걱정이다. 이것이 자녀의 실상이라고 하자. 이것을 있는 그대로 말하는 것은 믿음 없이 하는 말이다. 그저 실상을 말하는 것이다.

비록 자녀의 실상이 이렇다 할지라도 그 자녀를 향해 부모된 우리가 '바라는 것들의 실상'이 있다. 그것을 말하는 것이 믿음으로 말하는 것이다. 싹이 노란 것은 부모가 바라는 실상이 아니다. 부모는 그 상황에서도 그 자녀가 훌륭하게 되기를 바란다. 믿음의 위인이 되기를 바란다. 믿음으로 말한다는 것은 바로 이런 상황에서 자녀의 '실상'을 말하지 않고 부모가 '바라는 것들의 실상'을 말하는 것이다.

두 종류의 부모가 있다. 실상을 말하는 부모와 바라는 것들의 실상을 말하는 부모다. 이것은 비단 자녀에게만 국한되는 것은 아니다. 한국교회도 실상이 있다. 또 우리가 바라는 한국교회 실상이 있다. 우리는 한국교회가 살았고, 한국교회가 하나이고, 한국교회는 사랑이라고 힘주어 말한다. 어떤 분들이 이것은 한국교회 실상을 모르고 하는 말이라고 한다. 어떻게 보면 그렇게 말하는 분의 표현이 맞을지도 모른다. 이것은 우리가 바라는 한국교회의 실상이다. 그 말 속에는 우리의 믿음이 담겨 있다.

믿음의 사람은 믿음으로 말한다. 예수를 믿는 사람, 하나님을 믿는 사람은 믿음으로 말한다. 그들의 말 속에는 하나님이 하실 일이 있다. 하나님의 몫이 있다. 여호수아와 갈렙의 말이 믿음으로 한 말이다. 우리도 예수를 믿기 전에는 실상을 말했다. 그러나 예수를 믿은 후에는 바라는 것들의 실상을 말한다.

놀라운 것은 그렇게 믿음으로 말하면 얼마 지나지 않아 '바라는 것들의 실상'이 '실상'이 된다는 사실이다. 바라는 것들의 실상이 실상이 되는 이 놀라운 은혜의 맛을 본 사람들은 늘 입을 열어 바라는 것들의 실상을 말한다.

어떤 사람에게는 믿음으로 말하는 것이 아부처럼 들릴 수도 있고, 분별력이 없는 것처럼 보일 수도 있다. 왜냐하면 그 사람의 실상이 그것이 아니기 때문이다. 그가 처한 실상이 그렇지 않기 때문이다. 그러나 이런 오해는 받아도 좋다. 얼마 지나지 않아 그 오해가 풀린다. 바라는 것들의 실상이 이내 그의 실상이 될 것이기 때문이다.

믿음의 사람들은 실상을 말하지 않고 바라는 것들의 실상을 말했다. 아브라함이 그 아들 이삭을 번제로 드리기 위해 모리아 산으로 올라갈 때의 일이다.

아들 이삭이 물었다. "아버지, 불과 나무는 있는데 번제할 어린 양은 어디 있습니까?" 아버지 아브라함이 이렇게 대답했다. "아들아, 번제할 어린 양은 하나님이 자기를 위하여 친히 준비하시리라." 이것은 실상이 아니다. 실상은 "네가 제물이란다"이다. 아브라함은 실상을 말하지 않고 아버지로서 바라는 것들의 실상을 말했다.

물론 아브라함은 하나님이 그 아들을 능히 죽은 자 가운데서 다시 살리실 줄로 믿었다. 어떤 사람들은 아브라함이 거짓말을 했다고 말한다. 거짓말을 한 것이 아니라 바라는 것들의 실상을 말한 것이다. 결과는 어떻게 되었는가? 하나님께서 수풀에 걸린 수양 한 마리를 준비해 놓으셨다. 아브라함의 바라는 것들의 실상이 실상이 된 것이다.

STUDY GUIDE

1. 우리는 지금 말의 힘의 원천을 찾는 중이다. 이런 중에 만난 하나님이 명함을 내미시는데 그 명함에는 '입술의 열매를 창조하는 여호와'라고 쓰여 있다. 그 의미가 무엇인가(사 57:19)?

2. 하나님이 지금 당신의 입술의 열매를 창조하고 계신다. 당신의 인생에 하나님이 창조해 주신 입술의 열매가 있을 것이다. 그것들을 적어 보라.

3. 입술의 열매를 창조하시는 하나님이 당신에게 이렇게 말씀하신다. 나는 너를 애굽 땅에서 인도하여 낸 여호와 네 하나님이니 네 입을 크게 열라. 내가 채우리라(시 81:10). 네 입을 크게 열라는 의미가 무엇인가?

STUDY GUIDE

4. 하나님이 이렇게 말씀하시는 것이다. "너는 말하라. 내가 이루리라." 당신이 말한 것을 당신에게 이루라고 하지 않으시고 하나님이 이루어주시겠다고 말씀하신다. 이 얼마나 감사한 일인가? 이렇게 말씀하시는 하나님 앞에서 지금 하고 싶은 말은 무엇인가?

5. 뻥과 비전의 차이는 무엇인가?

6. 성경은 말을 입의 열매 혹은 입술의 열매라고 표현하고 있다. 그 의미는 무엇인가(잠 12:14, 잠 18:20, 잠 18:21)?

7. 사람이 무엇으로 심든지 그대로 거두리라(갈 6:7)는 하나님의 진리는 입술의 열매를 추수하는 데도 그대로 적용되는가?

말의 힘 95

STUDY GUIDE

8. 입술의 열매는 누가 추수하는가(잠 18:20, 시 109:17-18, 삼상 2:20-21)?

9. 말은 힘이 있다. 말이 힘이 있는 것은 하나님이 계시기 때문이다. 너희 말이 내 귀에 들린 대로 너희에게 행하시는 하나님, 입술의 열매를 창조하시는 하나님이 당신의 하나님이다. 당신은 이 하나님 앞에서 하나님을 믿고 말하는가?

10. 믿음으로 말하는 것은 어떻게 말하는 것인가? 히브리서 11장 1절 말씀을 통해 믿음이 무엇인지 말해보라.

11. 당신은 실상을 말하는가 아니면 바라는 것들의 실상을 말하는가?

STUDY GUIDE

12. 믿음의 사람은 믿음으로 말한다. 당신이 지금 믿음으로 하고 있는 말을 적어보라. 믿음으로 말하는 것의 유익과 믿음으로 말한 것을 하나님이 이루어주신 예가 있으면 함께 나누라.

13. week 4를 통해 하나님이 주신 은혜를 함께 나누라.

생각-말-행동-습관-인격-인생.

이것들은 별개의 개념이 아니다. 다 한 줄로 연결되어 있다.

말은 마음에서 나온다.

말의 뿌리는 마음의 생각이다.

말이 능력이 있듯이 마음의 생각도 능력이 있다.

생각은 현실화된다.

week 5에서는 생각의 능력에 대해서 살펴보고자 한다.

week 5
생각은 현실화된다

말은 어디서 나오는가? 말의 근원을 찾아보자.

선한 사람은 마음에 쌓은 선에서 선을 내고

악한 자는 그 쌓은 악에서 악을 내나니

이는 마음에 가득한 것을 입으로 말함이니라(눅 6:45).

생각이 먼저

말은 입에서 만들어지는 것이 아니다. 마음에 있는 생각이 말이 되어 입으로 나오는 것이다. 그 나온 말은 곧 행동으로 이어진다. 그 행동들이 모여 습관을 이루고 그 습관들이 모여 인격이 된다. 이것이 인생이다. 생각-말-행동-습관-인격-인생.

인생의 가장 안쪽에 생각이 있다. 세상은 교육을 통해 사람들의 행동을 교정하려고 한다. 인격을 바꾸려고 한다. 그러나 성경을 보면 하나님은 늘 사람의 마음을 주목하신다. 하나님은 마음의 생각과 행동을 동일한 비중으로 다루신다. 생각과 말과 행동 사이에는 시차만 있을 따름이다. 생각이 말이 되어 나오면 곧 그 말을 따라 행동하게 되기 때문이다. 말 전에 생각이 있고 말 다음에 행동이 있다. 말을 들어보면 그 사람의 생각을 알 수 있고, 잠시 후 그가 하게 될 행동을 예측할 수 있다.

반복적으로 하는 행동을 우리는 습관이라 부른다. 이 습관들 몇 개가 모여 그 사람의 인격을 형성하는 것이다. 인격의 가장 앞쪽에 생각이 있다. 인격의 첫 출발점은 생각이다. 생각이 바뀌면 인격이 바뀐다. 이 사실에 근거해 다음과 같은 말들을 하는 것이다.

생각이 인생을 좌우한다.
말이 인생이다.
말은 행동을 낳는다.
습관이 인격을 형성한다.
생각을 알면 인생이 보인다.

모두 맞는 말이다.
예수님은 마음으로 음욕을 품는 것을 간음이라고 하셨고, 형제를 향하여 미련한 놈이라고 하는 것을 살인이라고 하셨다. 예수님이 왜 마음의 생각을 말이나 행동과 동일하게 여기셨는지를 이제 우리는 이해할 수 있다.

마음의 생각은 인생의 출발점이다. 그 사람의 생각이 어떠한지가 곧 그 인생의 어떠함이다. 대저 그 마음의 생각이 어떠하면 그 위인도 그러하다(잠 23:7).

나아만과 게하시

이제 성경에서 마음의 생각이 그 사람의 말과 행동 그리고 인생에 어떻게 나타났는지 찾아보자.

나아만이 이에 말들과 병거들을 거느리고 이르러 엘리사의 집 문에 서니 엘리사가 사자를 그에게 보내 이르되 너는 가서 요단 강에 몸을 일곱 번 씻으라 네 살이 회복되어 깨끗하리라 하는지라.
나아만이 노하여 물러가며 이르되 내 생각에는 그가 내게로 나와 서서 그의 하나님 여호와의 이름을 부르고 그의 손을 그 부위 위에 흔들어 나병을 고칠까 하였도다. 다메섹 강 아바나와 바르발은 이스라엘 모든 강물보다 낫지 아니하냐. 내가 거기서 몸을 씻으면 깨끗하게 되지 아니하랴 하고 몸을 돌려 분노하여 떠나니 그의 종들이 나아와서 말하여 이르되 내 아버지여 선지자가 당신에게 큰 일을 행하라 말하였더면 행하지 아니하였으리이까? 하물며 당신에게 이르기를 씻어 깨끗하게 하라 함이리이까 하니. 나아만이 이에 내려가서 하나님의 사람의 말대로 요단 강에 일곱 번 몸을 잠그니 그의 살이 어린 아이의 살 같이 회복되어 깨끗하게 되었더라(왕하 5:9-14).

나아만은 아람 나라 군대장관이다. 그는 나병에 걸려 엘리사를 찾아왔다. 그는 자신이 엘리사에게 가면 엘리사가 나와서 그 하나님 여호와의 이름을 부르고 그 부위에 손을 흔들어 나병을 고쳐줄 것으로 생각했다. 그런데 막상 도착해 보니 엘리사는 나오지도 않고 요단강에 가서 몸을 일곱 번 씻으라고 하는 것이다. 나아만은 노를 발하며 몸을 돌이켜 분한 모양으로 떠났다. 다행히 지혜로운 종이 있어서 다시 돌아와 치료받았지만 하마터면 평생을 나병환자로 살 뻔했다. 생각 하나 때문에.

나아만이 나병을 치료받은 후에 엘리사에게 예물을 주려고 했다. 나아만이 강권했지만 엘리사는 고사했다. 그것을 보고 엘리사의 종 게하시가 한 생각이 그의 인생에 어떤 영향을 미쳤는지 찾아보자.

하나님의 사람 엘리사의 사환 게하시가 스스로 이르되 내 주인이 이 아람 사람 나아만에게 면하여 주고 그가 가지고 온 것을 그 손에서 받지 아니하였도다. 여호와께서 살아 계심을 두고 맹세하노니 내가 그를 쫓아가서 무엇이든지 그에게서 받으리라 하고 나아만의 뒤를 쫓아가니 나아만이 자기 뒤에 달려옴을 보고 수레에서 내려 맞이하여 이르되 평안이냐 하니. 그가 이르되 평안하나이다 우리 주인께서 나를 보내시며 말씀하시기를 지금 선지자의 제자 중에 두 청년이 에브라임 산지에서부터 내게로 왔으니 청하건대 당신은 그들에게 은 한 달란트와 옷 두 벌을 주라 하시더이다. 나아만이 이르되 바라건대 두 달란트를 받으라 하고 그를 강권하여 은 두 달란트를 두 전대에 넣어 매고 옷 두 벌을 아울러 두 사환에게 지우매 그들이 게하시 앞에서 지고 가니라.

언덕에 이르러서는 게하시가 그 물건을 두 사환의 손에서 받아 집에 감추고 그들을 보내 가게 한 후 들어가 그의 주인 앞에 서니 엘리사가 이르되 게하시야 네가 어디서 오느냐 하니 대답하되 당신의 종이 아무데도 가지 아니하였나이다 하니라. 엘리사가 이르되 한 사람이 수레에서 내려 너를 맞이할 때에 내 마음이 함께 가지 아니하였느냐. 지금이 어찌 은을 받으며 옷을 받으며 감람원이나 포도원이나 양이나 소나 남종이나 여종을 받을 때이냐. 그러므로 나아만의 나병이 네게 들어 네 자손에게 미쳐 영원토록 이르리라 하니 게하시가 그 앞에서 물러나오매 나병이 발하여 눈같이 되었더라 (왕하 5:20-27).

가지고 온 예물을 도로 싣고 돌아가는 나아만을 본 엘리사의 종 게하시가 자신에게 말했다. 생각했다. 내 주인이 이 아람 사람 나아만에게 면하여 주고 그 가지고 온 것을 그 손에서 받지 아니하였도다. 여호와께서 살아 계심을 두고 맹세하노니 내가 그를 쫓아가서 무엇이든지 그에게서 받으리라. 그리고 게하시는 나아만에게 달려가 이렇게 말했다. 우리 주인께서 나를 보내시며 말씀하시기를 지금 선지자의 제자 중에 두 청년이 에브라임 산지에서부터 내게로 왔으니 청하건대 당신은 그들에게 은 한 달란트와 옷 두 벌을 주라 하시더이다. 게하시의 생각이 게하시로 하여금 달려가 거짓말을 하게 했다. 이 일로 게하시는 나병환자가 되었다. 게하시의 생각 하나가 그의 인생을 이렇게 만든 것이다.

미갈의 실언

다윗이 가서 하나님의 궤를 기쁨으로 메고 오벧에돔의 집에서 다윗성으로 올라갈새 여호와의 궤를 멘 사람들이 여섯 걸음을 가매 다윗이 소와 살진 송아지로 제사를 드리고 다윗이 여호와 앞에서 힘을 다하여 춤을 추는데 그 때에 다윗이 베 에봇을 입었더라. 다윗과 온 이스라엘 족속이 즐거이 환호하며 나팔을 불고 여호와의 궤를 메어

오니라.

여호와의 궤가 다윗 성으로 들어올 때에 사울의 딸 미갈이 창으로 내다보다가 다윗 왕이 여호와 앞에서 뛰놀며 춤추는 것을 보고 심중에 그를 업신여기니라. 여호와의 궤를 메고 들어가서 다윗이 그것을 위하여 친 장막 가운데 그 준비한 자리에 그것을 두매 다윗이 번제와 화목제를 여호와 앞에 드리니라.

다윗이 번제와 화목제 드리기를 마치고 만군의 여호와의 이름으로 백성에게 축복하고 모든 백성 곧 온 이스라엘 무리의 무론 남녀하고 떡 한 개와 고기 한 조각과 건포도 떡 한 덩이씩 나눠주매 모든 백성이 각기 집으로 돌아가니라. 다윗이 자기의 가족에게 축복하러 돌아오매 사울의 딸 미갈이 나와서 다윗을 맞으며 이르되 이스라엘 왕이 오늘 어떻게 영화로우신지 방탕한 자가 염치 없이 자기의 몸을 드러내는 것처럼 오늘 그의 신복의 계집종의 눈앞에서 몸을 드러내셨도다 하니.

다윗이 미갈에게 이르되 이는 여호와 앞에서 한 것이니라. 그가 네 아버지와 그의 온 집을 버리시고 나를 택하사 나를 여호와의 백성 이스라엘의 주권자로 삼으셨으니 내가 여호와 앞에서 뛰놀리라. 내가 이보다 더 낮아져서 스스로 천하게 보일지라도 네가 말한 바 계집종에게는 내가 높임을 받으리라 한지라. 그러므로 사울의 딸 미갈이 죽는 날까지 그에게 자식이 없느니라(삼하 6:12-23).

다윗의 아내 미갈이 법궤를 도로 찾아오면서 춤을 추는 다윗을 바라보며 생각했다. 그 생각의 결과가 다윗을 업신여기는 행동으로 나타났다. 그녀의 생각은 이내 말이 되어 나왔다. 기쁜 마음으로 가족을 축복하러 들어오는 다윗을 맞아 미갈은 이렇게 말했다. 이스라엘 왕이 오늘 어떻게 영화로우신지 방탕한 자가 염치 없이 자기의 몸을 드러내는 것처럼 오늘 그의 신복의 계집종의 눈앞에서 몸을 드러내셨도다. 이 말은 다윗의 마음을 상하게 했다. 축복을 하려고 들어온 다윗의 입을 막았다. 이 일로 미갈은 죽는 날까지 자식이 없었다. 미갈의 생각 하나가 그 인생에 이런 결과를 초래했다.

사울의 오해

다윗이 골리앗을 물리치고 승리하고 돌아올 때 여인들이 한 말을 듣고 사울왕이 한 생각 하나가 그의 인생에 어떤 영향을 미쳤는지 살펴보자.

무리가 돌아올 때 곧 다윗이 블레셋 사람을 죽이고 돌아올 때에 여인들이 이스라엘 모든 성읍에서 나와서 노래하며 춤추며 소고와 경쇠를 가지고 왕 사울을 환영하는데 여인들이 뛰놀며 노래하여 이르되 사울이 죽인 자는 천천이요 다윗은 만만이로다 한지라.

사울이 이 말에 불쾌하여 심히 노하여 이르되 다윗에게는 만만을 돌리고 내게는 천천만 돌리니 그의 더 얻을 것이 나라 말고 무엇이냐 하고 그날 후로 사울이 다윗을 주목하였더라(삼상 18:6-9).

그가 스스로 이르기를 내가 다윗을 벽에 박으리라 하고 사울이 그 창을 던졌으나 다윗이 그의 앞에서 두 번 피하였더라. 여호와께서 사울을 떠나 다윗과 함께 계시므로 사울이 그를 두려워한지라(삼상 18:11-12).

사울이 그의 아들 요나단과 그의 모든 신하에게 다윗을 죽이라 말하였더니(삼상 19:1).

사울이 요나단에게 화를 내며 그에게 이르되 패역무도한 계집의 소생아, 네가 이새의 아들을 택한 것이 네 수치와 네 어미의 벌거벗은 수치 됨을 내가 어찌 알지 못하랴. 이새의 아들이 땅에 사는 동안은 너와 네 나라가 든든히 서지 못하리라. 그런즉 이제 사람을 보내어 그를 내게로 끌어 오라. 그는 죽어야 할 자이니라(삼상 20:30-31).

사울과 그의 세 아들과 무기를 든 자와 그의 모든 사람이 다 그 날에 함께 죽었더라(삼상 31:6).

여인들이 이스라엘 모든 성에서 나와서 노래하며 춤추며 소고를 가지고 사울왕을 환영하는데 여인들이 뛰놀며 이렇게 말했다. 사울의 죽인 자는 천천이요 다윗은 만만이로다. 사울은 이 말을 듣고 생각했다. 생각의 결과는 이렇게 나타났다. 다윗에게는 만만을 돌리고 내게는 천천만 돌리니 그의 더 얻을 것이 나라밖에 무엇이냐. 사울은 심히 노하였다. 사울은 다윗을 죽이기로 했다. 그날 이후 사울의 주업무는 국사가 아니라 다윗을 죽이는 일이 되었다. 그러다 자신이 비참하게 죽었다. 여인들의 말을 듣고 사울이 한 생각이 그의 인생을 이렇게 비참하게 만든 것이다.

만약 이 상황에서 사울이 다음과 같이 생각했다면 그의 인생은 어떻게 되었을까?

"사울이 죽인 자는 천천이요 다윗이 죽인 자는 만만이라. 그래도 그렇지 이 여인들은 철이 없기는 없구만. 그냥 다윗을 칭찬하면 될텐데 왜 나와 다윗을 비교할까? 허나 이런 승리의 날에 내가 작은 일로 마음 상해서야 되겠는가. 나라가 위태로운 상황에서 다윗이 나타나 나라를 위기에서 구해냈으니 얼마나 감사한 일인가. 이제 우리 나라에도 다윗 같은 인물이 있으니 블레셋이 다시는 우리를 업신여기지 못할거야. 다윗을 잘 키워서 군대장관으로 삼아야지. 하나님이 내게 참 귀한 사람을 붙여 주셨도다. 어서 나가 백성들과 함께 이 승리의 기쁨을 만끽하자."

두려움이 현실로

우리는 앞에서 말이 원인이 되어 어떤 결과가 나타난다는 사실을 성경을 통해 배웠다. 그렇게 되어지는 것은 입술의 열매를 짓는 하나님이 계시기 때문이라는 사실도 배웠다. 그렇다면 생각은 어떨까? 생각의 열매도 입술의 열매와 동일할까?

구약성경에 나오는 욥을 통해 답을 찾아보려고 한다. 먼저 욥에게 어떤 일이 있었는지 살펴보자.

하루는 욥의 자녀들이 그 맏아들의 집에서 음식을 먹으며 포도주를 마실 때에 사환이 욥에게 와서 아뢰되 소는 밭을 갈고 나귀는 그 곁에서 풀을 먹는데 스바 사람이 갑자기 이르러 그것들을 빼앗고 칼로 종들을 죽였나이다. 나만 홀로 피하였으므로 주인께 아뢰러 왔나이다. 그가 아직 말하는 동안에 또 한 사람이 와서 아뢰되 하나님의 불이 하늘에서 떨어져서 양과 종들을 살라 버렸나이다. 나만 홀로 피하였으므로 주인께 아뢰러 왔나이다. 그가 아직 말하는 동안에 또 한 사람이 와서 아뢰되 갈대아 사람이 세 무리를 지어 갑자기 낙타에게 달려들어 그것을 빼앗으며 칼로 종들을 죽였나이다. 나만 홀로 피하였으므로 주인께 아뢰러 왔나이다. 그가 아직 말하는 동안에 또 한 사람이 와서 아뢰되 주인의 자녀들이 그들의 맏아들의 집에서 음식을 먹으며 포도주를 마시는데 거친 들에서 큰 바람이 와서 집 네 모퉁이를 치매 그 청년들 위에 무너지므로 그들이 죽었나이다. 나만 홀로 피하였으므로 주인께 아뢰러 왔나이다 한지라(욥 1:13-19).

욥이 이 일이 있은 후에 한 말을 들어보자.

내가 두려워하는 그것이 내게 임하고
내가 무서워하는 그것이 내 몸에 미쳤구나.
나에게는 평온도 없고 안일도 없고 휴식도 없고
다만 불안만이 있구나(욥 3:25-26).

욥이 이런 일이 있을까봐 두려워하고 무서워했다는 말은 그가 평안했을 때 현재 당하고 있는 고난과 같은 일이 자신에게 일어나면 어떻게 하나 하고 생각했었다는 것이다. 그 생각이

말의 힘 111

그에게 두려움이 되었고 무서움이 된 것이다. 그런데 그것이 그대로 현실화되자 탄식하며 고백한 것이다. 내가 두려워하는 그것이 내게 임하고 나의 무서워하는 그것이 내 몸에 미쳤구나. 생각은 현실화된다.

하나님께서는 성경을 통해 우리에게 계속 두려워 말라, 놀라지 말라, 근심하지 말라, 걱정하지 말라고 말씀하신다. 그 이유 역시 같다.

> 두려워하지 말라. 내가 너와 함께 함이라. 놀라지 말라. 나는 네 하나님이 됨이라. 내가 너를 굳세게 하리라. 참으로 너를 도와 주리라. 참으로 나의 의로운 오른손으로 너를 붙들리라(사 41:10).
> 너희는 마음에 근심하지 말라. 하나님을 믿으니 또 나를 믿으라(요 14:1).
> 평안을 너희에게 끼치노니 곧 나의 평안을 너희에게 주노라.
> 내가 너희에게 주는 것은 세상이 주는 것과 같지 아니하니라.
> 너희는 마음에 근심하지도 말고 두려워하지도 말라(요 14:27).
> 너희 염려를 다 주께 맡기라. 이는 그가 너희를 돌보심이라(벧전 5:7).
> 그러므로 내일 일을 위하여 염려하지 말라. 내일 일은 내일이 염려할 것이요, 한 날의 괴로움은 그 날로 족하니라(마 6:34).
> 땅이여 들으라.

내가 이 백성에게 재앙을 내리리니 이것이 그들의 생각의 결과라 (렘 6:19).

하나님께서 우리에게 두려워하지 말라, 놀라지 말라, 근심하지 말라, 염려하지 말라고 말씀하시는 이유 중 하나는 그것이 현실화되기 때문이다. 욥은 아마 자신의 그 생각이 그렇게 현실화되리라고는 생각하지 못했을 것이다. 마치 오늘날 많은 사람들이 자신이 하고 있는 생각이 현실화될 것이라는 사실을 모르고 그냥 생각하는 것처럼 말이다.

예수님을 믿는다면 우리에게는 두려워하는 대신, 근심하고 걱정하는 대신, 염려하는 대신 할 수 있는 일이 있다. 마음과 생각 관리에 최고의 길이 있다.

아무 것도 염려하지 말고 다만 모든 일에 기도와 간구로, 너희 구할 것을 감사함으로 하나님께 아뢰라. 그리하면 모든 지각에 뛰어난 하나님의 평강이 그리스도 예수 안에서 너희 마음과 생각을 지키시리라 (빌 4:6-7).

STUDY GUIDE

1. 말은 어디서 나오는가? 말의 근원은 무엇인가(눅 6:45)?

2. 생각-말-행동-습관-인격-인생. 이것들은 어떤 관계가 있는가?

3. 예수님은 마음으로 음욕을 품는 것을 간음이라고 하셨고, 형제를 향하여 미련한 놈이라고 하는 것을 살인이라고 하셨다. 예수님은 마음의 생각을 말이나 행동과 동일하게 여기셨다. 그 이유는 무엇인가?

4. 마음의 생각이 그 사람의 말과 행동 그리고 인생에 미친 영향을 성경을 통해 살펴보자. 나아만의 생각이 그의 말과 행동, 나아가 인생에 어떤 영향을 미쳤는가(왕하 5:9-14)?

STUDY GUIDE

5. 엘리사의 종 게하시가 한 생각이 그의 인생에 어떤 영향을 미쳤는가(왕하 5:20-27)?

6. 다윗의 아내 미갈의 생각이 그의 인생에 미친 영향을 찾아보라(삼하 6:12-23).

7. 다윗이 골리앗을 물리치고 승리하고 돌아올 때 여인들이 한 말을 듣고 사울왕이 한 생각 하나가 그의 인생에 어떤 영향을 미쳤는지 찾아보라(삼상 18:6-9, 삼상 18:11-12, 삼상 19:1, 삼상 20:30-31, 삼상 31:6).

8. 우리는 앞에서 우리의 말이 원인이 되어 어떤 결과가 나타난다는 사실을 성경을 통해 배웠다. 그렇게 되는 것은 입술의 열매를 창조하시는 하나님이 계시기 때문이라는 사실도 배웠다. 그렇다면 생각은 어떨까? 생각의 열매도 입술의 열매와 동일할까?

STUDY GUIDE

9. 욥이 고난을 당했다(욥 1:13-19). 고난 당한 후에 욥이 무엇이라고 말했는가(욥 3:25-26)?

10. 욥이 이런 일이 있을까 봐 두려워하고 무서워했다는 말은 그가 평안했을 때 그는 현재 당하고 있는 고난과 같은 일이 자신에게 일어나면 어떻게 하나 하고 생각했었다는 것이다. 그 생각이 그에게 두려움이 되었고 무서움이 된 것이다. 그런데 그것이 그대로 현실화되자 탄식하며 고백한 것이다. 생각은 현실화된다. 이것이 당신에게는 어떻게 느껴지는가?

11. 하나님께서는 성경을 통해 우리에게 계속 두려워 말라, 놀라지 말라, 근심하지 말라, 걱정하지 말라고 말씀하신다(사 41:10, 요 14:1, 요 14:27, 벧전 5:7, 마 6:34, 렘 6:19). 그 이유가 무엇이라고 생각하는가?

STUDY GUIDE

12. 당신은 생각이 현실화된다는 사실을 알고 생각하고 있는가?

13. week 5를 통해 하나님이 주신 은혜를 함께 나누라.

말은 입에서 나오는 것이 아니라 마음에서 나온다.

말을 잘하기 위해서는 마음의 생각을 잘해야 한다.

어떻게 하면 생각을 잘할 수 있을까?

당신은 생각을 잘하기 원하는가?

그렇다면 생각의 파트너를 예수로 바꾸라.

당신의 삶을 예수로 해석하라.

week 6
생각의 파트너를 예수로 바꾸라

생각이 무엇인가?

자기 자신과 나누는 대화, 이것이 곧 생각이다. 철학자들의 표현을 빌리면 내적 대화 혹은 마음의 이야기 또는 사유라고 할 수 있다. 생각은 마음속에서 우리가 알고 있는 언어로 대화를 이어가는 것이다. 이런 관점에서 생각은 자기 자신과 나누는 대화다. 물론 생각이 단순히 기억이란 의미로 쓰일 때도 있다.

생각의 파트너

그렇다면 생각의 파트너는 누구인가?

내 안에 내가 있다. 내 안에 있는 나 자신이 생각의 파트너다. 자신과 대화를 나눌 때 내 안에 있는 나는 1인 다역을 한다. 어떤 때는 아내가 되기도 하고 어떤 때는 직장 동료가 되기도 한다. 우리가 누군가를 생각하면 내 안에 있는 나는 즉각 그가 되어 나와 대화를 시작한다.

생각의 파트너인 자기 자신이 건강하면 생각이 건강하다. 병든 자기 자신과 계속 대화하면 병든 생각을 할 수밖에 없다.

대화의 결과는 파트너의 상태와 밀접한 관계가 있다. 우리가 다른 사람과의 대화에서 경험하듯이 화 잘 내고 토라지기 잘하는 사람과 대화를 하고 나면 늘 마음이 편치 않다. 자신과 대화를 나눌 때도 마찬가지다. 안타까운 것은 대화 상대인 우리 속에 있는 자기 자신이 온전치 못하다는 것이다. 죄의 영향을 받았기 때문이다. 성경은 **만물보다 거짓되고 심히 부패한 것은 마음이라**(렘 17:9)고 했다. 또 살면서 이런 저런 일로 인해 상처를 받았기 때문이다. 열등감이나 우월감이라는 말은 내 속에 있는 속사람의 병명(病名)이다. 성경은 이 둘을 교만이라 부른다.

우리 속에 있는 우리 자신은 다른 사람이 우리에게 잘해 준 일을 기억하기보다는 그가 우리를 서운하게 한 일을 잘 기억하는 특성이 있다. 혹시 어떤 사람이 당신에게 해준 좋은 일, 고마운 일이 많은데도 그보다 당신을 서운하게 한 일을 더욱 선명하게 기억하고 있지는 않는가? 만약 그렇다면 이런 자기 자신을 파트너로 삼아 끊임없이 대화를 하면 그 결과가 어떻게 되겠는가?

생각을 통해 작은 문제도 큰 문제로 증폭시키는 사람이 있고, 큰 문제도 아무것도 아닌 것으로 만드는 사람이 있다. 큰 문제도 작은 문제로 만들고, 작은 문제는 아예 없애 버리는 사람이 있다. 반면 작은 문제도 큰 문제로 만들고, 없는 문제도 만들어내는 사람이 있다.

자신과 나누는 대화인 생각을 통해 문제는 증폭되기도 하고 소멸되기도 한다. 마이크를 사용하다 보면 가끔 삐~익 하는 하울링이 난다. 마이크를 스피커 앞에 가까이 대면 이런 현상이 일어난다. 스피커에서 나오는 세미한 기계음이 마이크를 통해 증폭되어 다시 스피커로 나온다. 이것을 다시 마이크가 받아 스피커로 보낸다. 이것이 반복되면 그 기계가 감당할 수 없는 고음이 난다. 이와 같은 현상이 자신과 나누는 대화 속에서도 나타난다. 이 내적 하울링 현상은 일반적으로 곰곰이 생각할 때 나타난다.

어떤 사람이 충격이라고 할 수도 없는 아주 작은 일을 당했다고 가정해 보자. 이 사람이 처음 받은 충격을 손으로 머리를 살짝 건드린 정도라고 하자. 그러나 이 작은 충격이 그 자신과 나누는 대화를 통해 증폭되면 감당할 수 없는 큰 충격이 되어 버린다. 내적 하울링 현상이다. 자신과의 대화를 주고 받으면서 손이 쇠망치로 증폭된다. 이렇게 되면 그 충격에 쓰러진다. 쇠망치로 머리를 맞았으니 쓰러지는 것이 당연하다.

이런 식으로 자신과 대화를 나누는 사람은 상처를 잘 받는다. 상처가 아물 날이 없다. 토라지기를 잘한다. 시험에 잘 든다. 반면에 이와 대조인 사람들이 있다. 외부로부터 오는 큰 충격도 자신과의 대화를 통해 최소화하는 사람이다. 이런 사람은 쇠망치로 머리를 맞은 것과 같은 충격을 받았다 할지라도 그것을 자신과의 대화를 통해 손끝으로 살짝 맞은 것으로 최소화한다.

자신과 나누는 대화에서 증폭기 역할을 하는 것은 무엇인가?

치료받지 못한 열등감이 충격 증폭기 역할을 한다. 대화는 마음에 저장된 언어, 지식, 사상을 가지고 하는 것이다. 자신과 하는 대화도 마찬가지다. 열등감은 자신에 대해 굴절된 정보가 마음에 저장되어 있는 상태다. 자신에 대한 잘못된 정보가 그 마음에 입력되어 있는 사람, 곧 열등간이 있는 사람은 일반적으로 자신과의 대화를 통해 늘 문제를 증폭시킨다. 이런 사람의 얼굴은 어둡다. 충격에서 헤어나지 못한다. 자신과 나눈 대화의 결론은 늘 비관적이고 절망적이다. 이런 사람이 매사에 자신감을 갖지 못하는 것은 어쩌면 당연한 일인지 모른다.

해석의 문제

우리 삶에서 일어나는 모든 일들은 해석이 필요하다. 마음에서 이루어지는 이 해석 작업이 생각이다. 우리가 무엇을 보고, 듣고, 겪을 때마다 그것들이 그대로 우리 안으로 들어오는 것이 아니다. 그것들은 반드시 해석 과정을 거친다. 이것이 순간적으로 일어나느냐, 긴 시간이 걸리느냐의 차이는 있지만 반드시 해석 과정을 거친다. 이것도 생각이다.

어떤 사람이 당신의 기억 속에 좋은 사람으로 남았다면 물론 그 사람이 좋은 사람이기도 하겠지만 더 정확히 말하면 그 사람에 대한 당신의 해석이 좋은 것이다. 생각을 통해 얻어진 결과가 좋고 나쁨, 옳고 그름으로 나타난 것이다.

행복과 불행을 가르는 것은 우리의 환경이나 형편이 아니다. 그것을 어떻게 해석하느냐에 따라 행복과 불행이 나뉜다. 같은 환경 속에서도 어떤 사람은 행복하게 살고, 어떤 사람은 불행하게 산다.

어떤 일 자체가 그 사람을 화나게 하거나 기쁘게 하는 것이 아니다. 그것을 가지고 마음에서 생각한 결과가 화가 되기도 하고 기쁨이 되기도 한다. 선을 행하다가 욕을 먹었다고 가정해 보자. 먹은 욕 자체가 화가 되거나 기쁨이 되는 것은 아니다. 그 자체가 감정이 되는 것이 아니라 그것을 가지고 마음에서 나눈 대화의 결과가 감정으로 나타나는 것이다. 기쁘고, 슬프고, 괴롭고, 우울하고, 유쾌하고, 불안하고, 분이 나고, 평안하고, 자유하고, 만족하고, 감사한 것. 이것은 해석의 결과다. 곧 생각의 결과다.

삶을 해석하는 과정이 반복되다 보니 거기에도 하나의 틀이 생긴다. 삶에서 일어나는 다양한 일들을 해석하는 자신만의 틀을 갖게 된다. 이것을 우리는 사고방식 혹은 사고의 틀이라고 부른다. 이 틀이 고정되면 그 후로는 어떤 것을 넣고 해석을 해도 거의 같은 결과가 나온다. 같은 일을 당하고도 어떤 사람은 웃고 어떤 사람은 울고, 어떤 사람은 수용하고 어떤 사람은 공격한다. 어떤 사람은 감사하고 어떤 사람은 원망한다. 그 차이가 바로 이 해석의 차이다. 사고방식, 사고의 틀 속에 무엇을 넣고 해석하느냐에 따라 그 결과가 달라진다.

제어가 필요한 생각

또 주께서 이르시되 그 날 후에 내가 이스라엘 집과 맺을 언약은 이것이니 내 법을 그들의 생각에 두고 그들의 마음에 이것을 기록하리라. 나는 그들에게 하나님이 되고 그들은 내게 백성이 되리라(히 8:10). 주께서 이르시되 그 날 후로는 그들과 맺을 언약이 이것이라 하시고 내 법을 그들의 마음에 두고 그들의 생각에 기록하리라(히 10:16).

생각이 없는 백성은 망한다. 어느 분이 한 말이다. 맞는 말이기도 하고 틀린 말이기도 하다. 의미적으로는 맞는 말이지만 실질적으로는 틀린 것이다. 왜냐하면 생각이 없는 사람은 없기 때문이다. 우리는 생각을 하기 위해 일부러 노력하거나 수고하지 않는다. 우리가 눈을 뜨고 있는 한 잠시도 생각이 멈추지 않는다. 우리 속에서는 끊임없이 생각이 진행된다. 우리가 원하든 원하지 않든 생각은 계속 이어진다. 잠시라도 아무 생각 없이 지낼 수가 있을까?

우리는 눈을 뜨고 있는 한 계속 생각한다. 문제는 어떤 생각을 하느냐 하는 것이다. 그 생각을 조절하고 통제하는 사람이 있고, 그것을 방임하는 사람이 있다. 지혜로운 사람은 마음속에서 생각이 아무렇게나 진행되도록 방임하지 않는다. 그는 생각의 방향을 자신이 원하는 방향으로, 하나님이 원하시는 방향으로 돌린다. 마치 차를 운전하는 사람이 길을 따라 핸들을 돌리듯이 생각의 방향을 조절한다.

생각은 조절되고 통제되어야 한다. 성경은 이것을 마음을 다스리는 것이라고 표현한다. 마음을 다스리라는 것은 생각을 잘 하라는 말이다.

자신과의 대화법

자신과 대화를 잘한 사람 중 한 명이 다윗이다. 시편 55편을 통해 다윗이 생각을 통해 상한 마음을 치료하는 과정을 살펴보자. 시편 55편에서 우리는 마음이 심히 상한 다윗을 만날 수 있다.

> 내 마음이 내 속에서 심히 아파하며 사망의 위험이 내게 이르렀도다. 두려움과 떨림이 내게 이르고 공포가 나를 덮었도다. 나는 말하기를 만일 내게 비둘기 같이 날개가 있다면 날아가서 편히 쉬리로다. 내가 멀리 날아가서 광야에 머무르리로다. (셀라) 내가 나의 피난처로 속히 가서 폭풍과 광풍을 피하리라.

다윗의 마음이 이렇게 아픈 것은 그가 절대적으로 신뢰했던 친구에게 배신을 당했기 때문이다. 친한 친구에게 배신 당한 경험이 있는 사람은 아마 다윗의 마음을 짐작할 것이다. 단순히 자신을 배신하고 떠나 버린 것이 아니다. 아주 가까운 곳에서 자신을 대적하는 자와 손을 잡고 자신을 대적하고 있다.

다윗은 배신자로 인해 마음이 상했다. 그 상한 마음을 하나님 앞에 숨김없이 다 털어 놓았다. 감정을 다 표현했다. 사망이 갑자기 그들에게 임하여 산 채로 스올에 내려갈지어다. 이는 악독이 그들의 거처에 있고 그들 가운데에 있음이로다. 다윗의 이 말을 들어보면 그가 얼마나 마음이 많이 상했는지를 알 수 있다. 시편을 보면 마음이 상한 사람들이 하나님 앞에서 한 상한 말들이 많다. 하나님은 그것을 다 들어주셨다. 그의 자녀들이 감정을 다 표현할 수 있도록 해주셨다. 다윗은 상한 마음으로 탄식하며 하나님께 부르짖었다. 그런 가운데 자신과 대화를 시작했다. 이것은 다윗이 자신과 나눈 대화의 결론이다.

네 짐을 여호와께 맡기라. 그가 너를 붙드시고 의인의 요동함을 영원히 허락하지 아니하시리로다. 자신과의 대화를 통해 다윗은 상한 마음을 치료받았다.

시편 기자는 사람들로부터 뼈를 찌르는 칼 같은 비방을 들었다. 그는 자신의 눈물이 주야로 음식이 되었다고 고백했다. 그는 여기서 깊은 절망에 빠질 수도 있었다. 하지만 그는 자신과 대화를 잘했다. 생각을 잘했다. 시편 기자는 구체적으로 어떻게 자신과 대화를 했는지를 살펴보라.

> 내 영혼아, 네가 어찌하여 낙심하며 어찌하여 내 속에서 불안해 하는가.
> 너는 하나님께 소망을 두라.
> 그가 나타나 도우심으로 말미암아 내가 여전히 찬송하리로다(시 42:5).

자기 자신을 불렀다.
내 영혼아,
자기 자신을 향해 '너'라는 2인칭을 사용했다.
네가
자기 자신을 꾸짖기도 했다.
어찌하여 낙심하며 어찌하여 내 속에서 불안해 하는가.
자기 자신을 향해 갈 길을 제시했다.
너는 하나님께 소망을 두라.
자기 자신을 향해 자신의 굳센 의지를 전달하였다.
그가 나타나 도우심으로 말미암아 내가 여전히 찬송하리로다.
시편 기자는 자신과 대화를 통해 눈물을 찬송으로 바꾸었다.

다윗이 자신과 나눈 대화, 곧 생각을 하나 더 살펴보자.

내 영혼아, 여호와를 송축하라. 내 속에 있는 것들아, 다 그의 거룩한 이름을 송축하라. 내 영혼아, 여호와를 송축하며 그의 모든 은택을 잊지 말지어다. 그가 네 모든 죄악을 사하시며 네 모든 병을 고치시며 네 생명을 파멸에서 속량하시고 인자와 긍휼로 관을 씌우시며 좋은 것으로 네 소원을 만족하게 하사 네 청춘을 독수리 같이 새롭게 하시는도다(시 103:1-5).

역시 다윗도 자신을 불렀다.
내 영혼아, 내 속에 있는 것들아,
자기 자신을 향해 '너'라는 2인칭을 사용했다.
네 소원을, 네 청춘으로
자기 자신을 향해 하나님을 찬양하며 그 은혜를 기억하라고 했다.
여호와를 송축하며 그의 모든 은택을 잊지 말지어다.
자신을 향해 하나님이 하신 일을 자기 자신에게 전해 주었다.
그가 네 모든 죄악을 사하시며 네 모든 병을 고치시며 네 생명을 파멸에서 속량하시고 인자와 긍휼로 관을 씌우시며 좋은 것으로 네 소원을 만족하게 하사 네 청춘을 독수리 같이 새롭게 하시는도다.

생각의 파트너를 바꾸라

생각을 잘하기 원한다면 생각의 파트너를 바꿔야 한다. 생각의 파트너를 자기 자신에서 예수님으로 바꿔야 한다. 자기 자신의 상태를 건강하게 하는 것, 그것도 귀한 시도다. 그러나 아예 생각의 파트너를 예수로 바꾸는 것이 최상이다. 예수를 믿는다고 생각의 파트너가 자동으로 예수로 바뀌는 것은 아니다. 예수님을 마음에 모셔놓고도 여전히 자기 자신을 생각의 파트너로 삼을 수도 있다. 이러면 예수를 믿어도 예수를 믿기 이전과 같은 해석을 하게 되고 같은 감정을 갖고 같은 말을 하게 된다.

생각의 파트너를 예수로 바꾼 후 당신의 감정을 살펴보라. 당신의 감정 중에 화가 많이 사라진 것을 발견할 것이다. 분과 노를 표출하는 사람이 있고 그것을 마음에 쌓는 사람이 있다. 두 가지 다 분과 노를 잘 다루는 것이 아니다. 분과 노는 표출하든 마음에 쌓든 독이 된다. 위험하다. 생각의 파트너를 예수님으로 바꾸면 분과 노를 쌓지도 않고, 표출하지 않을 수 있다. 예수님과 대화하면 분과 노가 마음에서 풀어진다. 마음에 예수님을 모시면 감정에 변화가 생기는 이유가 바로 이 때문이다.

생각을 잘하기 원하면 다음 성경 말씀을 보라. 답이 있다.

> 너희가 피곤하여 낙심하지 않기 위하여
> 죄인들이 이같이 자기에게 거역한 일을 참으신 이를 생각하라(히 12:3).
> 내 영혼이 내 속에서 피곤할 때에 내가 여호와를 생각하였더니
> 내 기도가 주께 이르렀사오며 주의 성전에 미쳤나이다(욘 2:7).

이 말씀은 어떤 억울한 일을 당했을 때 그 일 자체를 생각하지 말고 그런 일을 겪으셨던 예수님을 생각하라는 것이다. 예수님의 입장에서 생각하라는 것이다. 거역하는 일을 겪었다고 하자. 그것을 생각하면 화가 난다. 곰곰이 생각하면 그 화는 더 커진다. 거역한 일을 생각하지 말고 거역한 일을 참으신 자 예수를 생각하라는 것이다. 그러면 계속 생기 있는 삶을 살게 된다. 하나님을 생각하면 인생의 피곤함이 사라진다.

생각을 잘하기 원한다면 당신의 삶을 예수로 해석해야 한다. 예수를 넣고 해석하면 사람도 사물도 사건도 환경도 다른

결과가 되어 나온다. 예수 없이 해석할 때 원망이던 것이 예수를 넣고 해석하면 감사가 된다. 예수를 넣고 세상을 해석하면 세상이 아름답다. 예수를 넣고 해석하면 항상 기뻐할 수 있고 범사에 감사할 수 있다.

생각을 잘하기 원하면 하나님이 하라고 한 생각을 해야 한다. 하나님이 금한 생각은 어떤 것이고, 하나님이 하라고 한 생각은 어떤 것인지 성경에서 찾아보자.

위의 것을 생각하고 땅의 것을 생각하지 말라. 이는 너희가 죽었고 너희 생명이 그리스도와 함께 하나님 안에 감추어졌음이라. 우리 생명이신 그리스도께서 나타나실 그 때에 너희도 그와 함께 영광 중에 나타나리라. 그러므로 땅에 있는 지체를 죽이라. 곧 음란과 부정과 사욕과 악한 정욕과 탐심이니 탐심은 우상 숭배니라. 이것들로 말미암아 하나님의 진노가 임하느니라(골 3:2-6).

또 이르시되 사람에게서 나오는 그것이 사람을 더럽게 하느니라. 속에서 곧 사람의 마음에서 나오는 것은 악한 생각 곧 음란과 도둑질과 살인과 간음과 탐욕과 악독과 속임과 음탕과 질투와 비방과 교만과 우매함이니 이 모든 악한 것이 다 속에서 나와서 사람을 더럽게 하느니라(막 7:20-23).

육신을 따르는 자는 육신의 일을, 영을 따르는 자는 영의 일을 생각하나니 육신의 생각은 사망이요, 영의 생각은 생명과 평안이니라. 육신의 생각은 하나님과 원수가 되나니 이는 하나님의 법에 굴복하지 아니할 뿐 아니라 할 수도 없음이라(롬 8:5-7).

당신이 생각해야 할 위의 것은 무엇인가? 당신이 하고 있는 영의 생각은 어떤 것들인가?

STUDY GUIDE

1. 생각이 무엇인가? 다양하게 정의할 수 있을 것이다. 당신은 생각을 무엇이라 정의하는가?

2. 일반적으로 생각의 파트너는 누구인가?

3. 생각을 통해 작은 문제도 큰 문제로 증폭시키는 사람이 있고, 큰 문제도 아무것도 아닌 것으로 만드는 사람이 있다.
   반면 작은 문제도 큰 문제로 만들고, 없는 문제도 만들어내는 사람이 있다. 당신의 경우는 어떤가?

4. 자신과 나누는 대화에서 증폭기 역할을 하는 것은 무엇인가?

STUDY GUIDE

5. 우리 삶에서 일어나는 모든 일들은 해석이 필요하다. 마음에서 이루어지는 이 해석 작업이 생각이다.
   행복과 불행을 가르는 것은 우리의 환경이나 형편이 아니라 생각이다. 지금 당신이 처한 환경과 형편을 해석하고 그 결과를 말해 보라.

6. 삶을 해석하는 과정이 반복되다 보니 거기에도 하나의 틀이 생긴다. 삶에서 일어나는 다양한 일들을 해석하는 자신만의 틀을 갖게 된다. 이것을 우리는 사고방식 혹은 사고의 틀이라고 부른다. 당신의 사고방식에는 무엇이 들어 있는가(히 8:10, 히 10:16)?

7. 우리 속에서는 끊임없이 생각이 진행된다. 우리가 원하든 원하지 않든 생각은 계속 이어진다. 잠시라도 아무 생각 없이 지낼 수가 있을까? 당신은 그 생각을 방임하는가, 아니면 조절하는가?

STUDY GUIDE

8. 자신과 대화를 잘한 사람 중에 한 사람이 다윗이다. 시편 55편을 통해 다윗이 생각을 통해 상한 마음을 치료받는 과정을 살펴보라.

9. 시편 기자는 사람들로부터 뼈를 찌르는 칼 같은 비방을 들었다. 그는 자신의 눈물이 주야로 음식이 되었다고 고백했다. 이 상황에서 시편 기자는 구체적으로 어떻게 자신과 대화를 했는가(시 42:5)?

10. 당신의 생각의 파트너는 예수로 바뀌었는가? 생각의 파트너를 예수로 바꾼 후에 당신에게 어떤 변화가 나타났는가?

11. 어떻게 하면 생각을 잘 할 수 있는가(히 12:3, 욘 2:7)?

STUDY GUIDE

12. 하지 말아야 할 생각과 해야 할 생각은 어떤 것인가(골 3:2-6, 막 7:20-23, 롬 8:5-7)?

13. week 6을 통해 받은 은혜를 함께 나누라.

NOTE

하나님이 하라고 한 말이 선한 말이다.

week 7에서는 선한 말 중에 하나인 축복을 다루고자 한다.

우리가 축복하면 하나님이 복을 주신다.

예수를 믿는 당신에게 축복권이 있다.

더불어 우리가 버려야 할 악한 말인 저주도 다룬다.

week 7
당신에게 축복권이 있다

선한 말은 기쁨을 준다. 아름답다. 친절하다. 은혜스럽다. 선한 말을 들으면 마음이 편하고, 기분이 좋고, 힘이 나고, 신이 나고, 소망이 생기고, 용기가 생기고, 의욕이 생긴다. 선한 말은 치료하고, 살리고, 흥하게 하고, 행복하게 한다.

하나님이 하라고 한 말이 선한 말이다. 선한 말 중에 하나인 축복을 함께 나누려고 한다.

하나님이 명하신 선한 말: 축복

너희를 박해하는 자를 축복하라. 축복하고 저주하지 말라(롬 12:14).

축복이 선한 말이다. 축복, 한문으로 하면 빌 축(祝) 자에 복 복(福) 자다. 복을 빌다, 그런 의미이다. 복을 갖고 있는 하나님께 아무개에게 복을 달라고, 복을 주시라고 비는 것이 축복이다.

축복은 누가 하는가?

사람은 축복하고 하나님은 강복(降福)하신다. 축복은 사람이 하는 것이다. 하나님은 축복하지 않으신다. 어법상으로 하나님이 축복하신다는 말은 틀린 것이다. 왜냐하면 하나님은 그 누구에게 복을 비는 분이 아니기 때문이다. 하나님은 복의 근원이고, 원천이시다. 하나님은 축복할 필요가 없다. 하나님이 직접 복을 주시면 된다. 그래서 "하나님이 복을 주신다" 또는 내릴 강(降)자를 써서 "하나님이 강복(降福)하신다"고 한다.

그러나 관용적으로 하나님의 축복이란 표현을 쓰는 경우가 있다. 우리는 축복과 강복을 구분해서 쓰는 것이 바람직하겠다. 그러나 혹시 누군가 기도나 설교 중에 하나님의 축복이란 표현을 하거든 마음에서 강복으로 바꿔 듣고 아멘하기 바란다.

축복이 성립되기 위해서는 축복자와 강복자 그리고 축복의 내용이 있어야 한다. 축복이 축복되기 위해서는 복을 갖고 있는 분에게 복을 빌어야 한다. 만약 복을 갖고 있지 않은 존재에게 복을 빈다면 그것은 허망한 일이 될 수밖에 없다.

하늘의 해와 달과 별들은 복을 갖고 있지 않다. 달에게 복을 빌고 별에게 복을 비는 것은 축복이 되지 못한다. 아무리 해와 달과 별의 이름으로 축복한다 해도 그것들이 복을 줄 수 없다. 왜냐하면 그것들은 복을 갖고 있지 않기 때문이다. 깎아 세운 돌이나 오래된 나무에 복을 비는 것도 마찬가지다.

하나님은 복의 근원이요, 복의 원천이다. 하나님 외에 복을 갖고 있는 이가 없다. 복의 근원이신 하나님께 복을 빌 때만 축복이 된다. 이 하나님께 복을 빌기 위해서는, 하나님의 이름으로 축복하기 위해서는 예수를 믿어야 한다. 예수를 통해서만 하나님께 나아갈 수 있기 때문이다.

민수기 6장 22절부터 27절까지의 말씀을 통해 축복에 대해 좀 더 구체적으로 살펴 보자.

> 여호와께서 모세에게 말씀하여 이르시되 아론과 그의 아들들에게 말하여 이르기를 너희는 이스라엘 자손을 위하여 이렇게 축복하여 이르되 여호와는 네게 복을 주시고 너를 지키시기를 원하며 여호와는 그의 얼굴을 네게 비추사 은혜 베푸시기를 원하며 여호와는 그 얼굴을 네게로 향하여 드사 평강 주시기를 원하노라 할지니라 하라. 그들은 이같이 내 이름으로 이스라엘 자손에게 축복할지니 내가 그들에게 복을 주리라.

하나님에 의해 축복자로 세움을 받은 사람은 아론과 그의 아들들이다. 그들은 제사장이다.

하나님께서 모세를 통해 아론과 그 아들들에게 이스라엘 백성들을 축복하라고 하셨다. 하나님께서 아론과 그 아들들에게 축복권을 주셨다. 축복 자격을 부여하신 것이다. 아론과 그 아들들은 제사장들이다. 하나님께서는 제사장들에게 축복권을 주셨다. 그들을 백성의 공인축복자로 세우셨다.

여기서 자연스럽게 우리는 누가 제사장인가 하는 질문을 하게 된다. 목사를 제사장으로 알고 있는 분들이 있다. 그렇다. 목사가 제사장이다. 그러나 목사만 제사장인 것은 아니다. 예수를 믿는 모든 사람들이 다 제사장이다. 하나님이 예수 그리스도의 피로 말미암아 그를 믿는 모든 자들을 제사장으로 삼아 주셨다. 왕 같은 제사장으로 세워 주셨다. 너희는 택하신 족속이요, 왕 같은 제사장들이요, 거룩한 나라요, 그의 소유가 된 백성이니 이는 너희를 어두운 데서 불러 내어 그의 기이한 빛에 들어가게 하신 이의 아름다운 덕을 선포하게 하려 하심이라(벧전 2:9). 당신이 예수님을 믿는다면 당신에게 축복권이 있다. 당신은 하나님이 세우신 공인축복자다.

아론과 그 아들들에게 축복하라고 한 내용 중에서 여호와의 이름과 복, 은혜, 평강을 주목해서 다음과 같이 끊어서 읽어 보라. 축복은 이렇게 하는 것이다. 우리도 이와 동일하게 하면 된다. 아들을 향해, 남편을 향해, 부모를 향해, 성도들을 향해, 이웃을 향해 이렇게 축복하면 된다. 곁에 있는 사람들을 이와 같이 축복해 보라.

여호와는 네게 복을 주시고

너를 지키시기를 원하며,

여호와는 그의 얼굴을 네게 비추사 은혜 베푸시기를 원하며,

여호와는 그 얼굴을 네게로 향하여 드사 평강 주시기를 원하노라

(민 6:24-26).

이렇게 사람이 여호와의 이름으로 축복하면 하나님이 어떻게 하시는가?

그들은 이같이 내 이름으로 이스라엘 자손에게 축복할지니

내가 그들에게 복을 주리라(민 6:27).

축복하는 사람과 강복하시는 하나님의 역할이 아주 선명히 나타난다. 왕 같은 제사장 된 우리는 하나님의 이름으로 축복하면 된다. 축복한 것을 축복한 사람이 주는 것이 아니다. 제사장이 축복한 것을 하나님이 주신다. 신나는 일이다. 우리가 하나님의 이름으로 축복한 것을 하나님이 이루어 주신다. 하나님을 믿는 우리는 축복한 것을 우리가 해주어야 하는 부담 없이 축복할 수 있다. 창세기 49장에는 야곱이 그의 아들 요셉

에게 한 축복이 나온다.

> 요셉은 무성한 가지 곧 샘 곁의 무성한 가지라. 그 가지가 담을 넘었도다. 활쏘는 자가 그를 학대하며 적개심을 가지고 그를 쏘았으나 요셉의 활은 도리어 굳세며 그의 팔은 힘이 있으니 이는 야곱의 전능자 이스라엘의 반석인 목자의 손을 힘입음이라. 네 아버지의 하나님께로 말미암나니 그가 너를 도우실 것이요. 전능자로 말미암나니 그가 네게 복을 주실 것이라. 위로 하늘의 복과 아래로 깊은 샘의 복과 젖먹이는 복과 태의 복이리로다. 네 아버지의 축복이 내 선조의 축복보다 나아서 영원한 산이 한 없음 같이 이 축복이 요셉의 머리로 돌아오며 그 형제 중 뛰어난 자의 정수리로 돌아오리로다(창 49:22-26).

야곱이 한 축복이 요셉에게 그대로 이루어졌다. 축복을 한 야곱은 그 결과를 알지 못하고 세상을 떠났지만 우리는 그 뒤에 요셉이 어떻게 되었는지를 안다. 축복대로 이루어졌다. 그리스도인은 축복자다. 당신이 축복자로 살아야 할 이유를 다음 성경 말씀에서 찾아보라.

> 너희를 박해하는 자를 축복하라. 축복하고 저주하지 말라(롬 12:14).

너를 축복하는 자에게는 내가 복을 내리고 너를 저주하는 자에게는 내가 저주하리니 땅의 모든 족속이 너로 말미암아 복을 얻을 것이라 하신지라(창 12:3).

그가 저주하기를 좋아하더니 그것이 자기에게 임하고 축복하기를 기뻐하지 아니하더니 복이 그를 멀리 떠났으며 또 저주하기를 옷 입듯 하더니 저주가 물 같이 그의 몸 속으로 들어가며 기름 같이 그의 뼈 속으로 들어갔나이다(시 109:17-18).

하나님이 금한 악한 말: 저주

성경은 저주하지 말라고 엄히 명한다. 저주는 악한 말이다.

심중에라도 왕을 저주하지 말며 침방에서라도 부자를 저주하지 말라. 공중의 새가 그 소리를 전하고 날짐승이 그 일을 전파할 것임이니라(전 10:20).

저주는 다른 사람이 해를 입기 원하는 마음이나 그것을 표현한 말이다. 저주라고 해서 대단한 것이 아니다. 그 사람이 안됐으면 좋겠다고 생각하고 말하는 것도 그를 향한 저주다. 어떤 사람이 사고를 당했다는 소식을 듣고 안타까움보다 마땅하다고 여긴다면 자신 안에 그를 향한 저주가 있다고 봐도 지나치지 않다.

성경에 보면 하나님께서 저주를 선언하신 경우가 있다. 주로 죄와 관련된 부분이다. 저주는 죄에 대한 경고, 죄에 대한 심판, 죄의 결과와 연관되어 있다. 죄에는 저주가 따른다. 일부러 저주하지 않아도 죄에는 저주가 따른다.

성경은 이렇게 말한다. 무릇 율법 행위에 속한 자들은 저주 아래에 있나니 기록된 바 누구든지 율법 책에 기록된 대로 모든 일을 항상 행하지 아니하는 자는 저주 아래에 있는 자라 하였음이라(갈 3:10). 죄에는 저주가 따른다. 그럼에도 하나님은 사람에게 정죄하지 말고, 저주하지 말라고 하신다. 그것은 하나님의 영역이다. 사람은 율법의 준행자이지 판단자가 아니다.

저주의 대상

왜 하나님은 저주하지 말라고 하시는가?

저주의 대상은 한마디로 하면 미운 사람이다. 사랑하는 사람을 저주하는 일은 없다. 자신을 힘들게 하는 사람, 어렵게 하는 사람, 괴롭게 하는 사람을 저주하게 된다. 처음부터 저주하는 것은 아니다. 서운함이 미움이 되고 그것이 결국 저주를 하기에 이른다. 이 단계가 되면 그는 나의 원수다. 원수는 미워하고 저주해도 좋다고 하면 얼마나 편할까?

그런데 성경은 원수를 미워하지 말고 사랑하라. 원수가 목마르면 마실 것을 주고 주리면 먹을 것을 주라(잠 25:21, 롬 12:20)고 한다. 저주를 하면 속이 시원할 것 같은 그 사람을 향해 '사랑하고, 축복하고, 주라'고 성경은 가르친다.

저주를 하지 말아야 하는 이유는 저주가 단순한 말이 아니기 때문이다. 우리가 지금까지 계속 살펴본 대로 말에는 힘이 있다. 저주도 마찬가지다. 하나님은 저주로 인해 사람이 파괴되는 것을 원치 않으신다. 성경은 저주가 그것을 들은 사람뿐 아니라 그것을 한 사람에게도 임할 수 있음을 경고하고 있다.

> 또 저주하기를 옷 입듯 하더니
> 저주가 물 같이 그의 몸 속으로 들어가며
> 기름 같이 그의 뼈 속으로 들어갔나이다(시 109:18).

저주와 상관없는 인생

저주 없이 살아야 행복하다. 그러기 위해서는 저주해야 할 원수가 없어야 한다. 원수 없는 세상에서 살면 행복하다. 원수를 향해 저주하며 사는 인생은 불행하다. 그래서 하나님은 그의 사랑하는 자녀들에게 원수 없이 사는 법을 가르쳐 주신 것이다. 그것이 원수를 사랑하는 것이다. 저주하는 대신 축복하는 것이다.

"내가 미워하지는 않을 수 있겠지만 그를 사랑할 수는 없다. 내가 그를 향해 저주하지 않는 것까지는 할 수 있지만 그를 축복할 수는 없다"고 하는 우리를 향해 하나님은 한 걸음 더 나아가 사랑하고 축복하라고 가르친다. 사랑하면 원수는 없어진다. 축복하면 원수는 없어진다. 사랑과 축복이 원수를 없애는 특효약이다.

저주와 관련된 기쁜 소식이 하나 있다. 그것은 예수를 믿게 될 때 저주와 상관없는 인생을 살게 된다는 사실이다. 죄의 결과가 저주다. 이 세상의 모든 사람이 다 죄인이다. 죄로 말미암아 다 저주 아래 있게 되었다. 그런데 하나님의 은혜가 임했다. 하나님의 아들 예수께서 이 세상에 오셔서 그의 택한 백성들을 대신해서 저주를 당하셨다.

> 그리스도께서 우리를 위하여 저주를 받은 바 되사 율법의 저주에서 우리를 속량하셨으니

기록된 바 나무에 달린 자마다 저주 아래에 있는 자라 하였음이라 (갈 3:13).

예수 믿는 사람은 저주를 받지 않는다. 그가 받을 저주를 예수님이 이미 다 받으셨기 때문이다. 이 세상에는 죄의 결과인 저주를 본인이 직접 받아야 할 사람과 예수님이 대신 받아 준 사람이 있다. 저주를 예수님이 대신 받음으로 자신이 받아야 할 율법의 저주에서 벗어난 사람은 행복하다. 저주의 결국인 지옥에 갈 일도 없다. 뿐만 아니라 이 세상에서도 저주와 상관없는 인생을 살게 된다. 만약 당신이 예수를 믿지 않는 사람이라면 지금 예수를 믿으라. 그러면 당신을 향해 흐르던 저주는 영원히 끊어질 것이다.

힘 없는 저주

저주에 대해 배웠으므로 안 하면 된다. 저주를 하지 않는 것은 자신의 선택에 달린 문제지만 저주를 듣는 것은 그렇지 않다. 선을 행하고도 얼마든지 저주를 들을 수 있기 때문이다. 당신이 예수를 믿는다면 이것은 전혀 신경 쓸 일이 아니다. 다른 사람이 당신을 향해서 한 저주는 당신에게 아무런 영향도 미치지 못하기 때문이다. 예수님께서 하늘로 올라가시기 전에 남겨 주신 말씀이 있다.

> 믿는 자들에게는 이런 표적이 따르리니 곧 그들이 내 이름으로 귀신을 쫓아내며 새 방언을 말하며 뱀을 집어올리며 무슨 독을 마실지라도 해를 받지 아니하며 병든 사람에게 손을 얹은즉 나으리라 하시더라(막 16:17-18).

여기서 주목할 것은 무슨 독을 마실지라도 해를 받지 않는다는 사실이다. 이 말을 문자적으로 해석해서 독극물을 파는 가게에 가서 독을 사다 마시고 죽어선 안 된다. 독극물을 마시면 당신이 예수를 믿어도 죽는다. 성경은 말을 독이라고 표현하기도 한다. 뱀 같이 그 혀를 날카롭게 하니 그 입술 아래에는 독사의 독이 있나이다(시 140:3). 저주의 말을 듣는 것을 두려워 말라. 예수를 믿는 자에게는 무슨 독을 마실지라도 해를 받지 않는 특별한 은혜가 있다.

STUDY GUIDE

1. 선한 말은 기쁨을 준다. 아름답다. 친절하다. 은혜스럽다. 선한 말을 들으면 마음이 편하고, 기분이 좋고, 힘이 나고, 신이 나고, 소망이 생기고, 용기가 생기고, 의욕이 넘친다. 선한 말은 치료하고, 살리고, 성공하게 하고, 행복하게 한다.

2. 하나님이 하라고 한 말이 선한 말이다. 다음 성경 말씀을 읽고 무엇이 선한 말인지 찾아보라(롬 12:14).

3. 민수기 6장 22-27절까지 말씀을 통해 축복에 대해 좀 더 구체적으로 살펴보자. 이 말씀을 읽고 그 의미를 말해 보라.

4. 하나님에 의해 축복자로 세움을 받은 사람은 아론과 그의 아들들이다. 그들은 제사장들이다. 이 사실을 통해 누가 진정한 축복자인지 함께 나누라(참고 벧전 2:9).

STUDY GUIDE

5. 아론과 그 아들들에게 축복하라고 한 내용 중에서 여호와의 이름과 복, 은혜, 평강을 주목해서 읽어 보라. 축복은 이렇게 하는 것이다. "여호와는 네게 복을 주시고 너를 지키시기를 원하며 여호와는 그의 얼굴을 네게 비취사 은혜 베푸시기를 원하며 여호와는 그 얼굴을 네게로 향하여 드사 평강 주시기를 원하노라." 우리도 이와 동일하게 축복하면 된다. 곁에 있는 사람들을 이와 같이 축복해 보라.

6. 사람이 여호와의 이름으로 축복하면 하나님이 어떻게 하시는가 (민 6:27)?

7. 창세기 49장에 야곱이 그의 아들 요셉에게 한 축복이 나온다. 이 축복을 함께 읽어 보자(창 49:22-26).

STUDY GUIDE

8. 야곱이 한 축복이 요셉에게 그대로 이루어졌다. 야곱이 요셉에게 한 축복을 참고해서 가족을 향한 축복문을 작성해 보라. 우리의 축복에 강복하시는 하나님을 믿고 작성하라.

9. 당신은 축복자다. 축복자로 살아야 할 이유를 다음 성경 말씀에서 찾아보라(롬 12:14, 창 12:3, 시 109:17-18).

10. 성경은 저주하지 말라고 엄히 명한다(전 10:20). 저주는 악한 말이다. 저주는 누구에게, 왜 하게 되는가?

11. 왜 하나님은 저주하지 말라고 하시는가(시 109:18)?

STUDY GUIDE

12. 저주와 상관없이 사는 길이 있는가?

13. 저주에 대해 배웠으므로 안 하면 된다. 그런데 저주를 들을 때는 어떻게 해야 하는가?

14. week 7을 통해 하나님이 주신 은혜를 나누라.

선한 말은 착한 말이다.

좋은 말이다. 아름다운 말이다.

은혜로운 말이다. 덕을 세우는 말이다.

기분 좋은 말이다. 하나님이 기뻐하시는 말이다.

칭찬은 선한 말이다.

칭찬은 금 같은 사람을 만든다.

금 같은 사람을 만드는 칭찬의 말을 배워 보자.

week 8
칭찬은 금 같은 사람을 만든다

하나님이 하라고 하신 말이 선한 말이다. 선한 말들인 찬양과 존경과 칭찬을 함께 나누려고 한다. 찬양과 존경과 칭찬의 공통점은 상대를 인정하고 좋게 말한다는 것이다. 다만 그 대상이 다르다. 일반적으로 인정하고 좋게 말하는 대상이 친구나 동료 혹은 후배인 경우는 칭찬이라고 하고, 그 대상이 어른이나 권위 윗사람일 경우는 존경이라고 하고, 그 대상이 하나님인 경우는 찬양이라고 한다. 그 대상이 사람일 때 찬양이라는 단어를 사용하지는 않는다. 어떤 의미에서 찬양과 존경과 칭찬은 같은 말이라고 할 수 있다.

하나님이 명하신 선한 말: 찬양

찬송하라. 하나님을 찬송하라. 찬송하라. 우리 왕을 찬송하라(시 47:6).

할렐루야, 여호와의 종들아, 찬양하라. 여호와의 이름을 찬양하라(시 113:1).

수금으로 여호와를 노래하라. 수금과 음성으로 노래할지어다(시 98:5).

할렐루야, 내 영혼아, 여호와를 찬양하라(시 146:1).

너희 용들과 바다여, 땅에서 여호와를 찬양하라(시 148:7).

여호와를 찬송하라.

여호와는 선하시며 그의 이름이 아름다우니 그의 이름을 찬양하라

(시 135:3).

또 모든 열방들아, 주를 찬양하며 모든 백성들아 그를 찬송하라 하였으며(롬 15:11).

여호와께 노래하라. 너희는 여호와를 찬양하라.

가난한 자의 생명을 행악자의 손에서 구원하셨음이니라(렘 20:13).

하나님께 노래하며 그의 이름을 찬양하라(시 68:4).

하나님이 하신 일을 하나님이 하셨다고 말하는 것이 찬양이다. 여기에 곡조를 붙이면 찬송가다. "하나님이 세상을 창조하셨습니다. 하나님이 나를 사랑하셔서 독생자를 보내주셨습니다. 하나님이 나를 구원하셨습니다" 이렇게 하나님이 하신 일을 하나님이 하셨다고 인정하고 그것을 말하는 것이 찬양이다. 주어를 하나님으로 하는 말이 찬양이다. "내가 오늘까지 건강하게 잘 살았습니다" 이것을 찬양으로 바꾸면 "하나님께서 오늘까지 나를 건강하게 살게 하셨습니다"가 된다. 하나님을 자랑하는 것이 찬양이다. 성경은 자기 자랑은 하지 말라고 금하지만 하나님 자랑은 하라고 한다. 시편 기자는 종일 하나님을 자랑했다. 하나님께 감사하는 것이 찬양이다. 찬양은 감사로 이어진다.

찬양은 하나님이 사람을 창조하신 목적이다. 성경은 "이 백성은 내가 나를 위하여 지었나니 나를 찬송하게 하려 함이니라"고 하나님이 사람을 지으신 목적을 분명하게 일러준다. 목적대로 살아야 한다. 사람이면 하나님을 찬양해야 한다. 우리는 어떤 상황에도 하나님을 찬양해야 한다.

찬양은 힘이 있다. 하나님을 높이고, 하나님을 인정하는 말은 힘이 있다. 찬양하는 곳에서 기적이 일어난다. 매인 것이 풀어지고 옥문이 열린다. 바울이 빌립보에서 실라와 함께 전도를 할 때 일이다. 전도를 하다 억울하게 감옥에 갇혔다. 옷을 벗긴 채로 매를 많이 맞았다. 바울과 실라는 깊은 옥에 수감되었고 그 발은 차꼬에 채워졌다. 그런 상황에도 바울과 실라는 기도하고 하나님을 찬송했다. 원망하기 쉬운 상황, 불평이 절로 나오는 상황에서 바울과 실라는 찬송했다. 성경은 그 다음 상황을 이렇게 기록하고 있다. "이에 갑자기 큰 지진이 나서 옥터가 움직이고 문이 곧 다 열리며 모든 사람의 매인 것이 다 벗어진지라(행 16:26)" 이것이 찬송의 힘이다. 찬양의 능력이다. 원망과 불평은 묶인 것을 더욱 견고히 할뿐이다. 그것을 푸는 것은 찬양이다.

하나님이 명하신 선한 말: 존경

형제를 사랑하여 서로 우애하고 존경하기를 서로 먼저 하며(롬 12:10).

잘 다스리는 장로들은 배나 존경할 자로 알되

말씀과 가르침에 수고하는 이들에게는 더욱 그리할 것이니라(딤전 5:17).

그러나 너희도 각각 자기의 아내 사랑하기를 자신 같이 하고

아내도 자기 남편을 존경하라(엡 5:33).

뭇 사람을 공경하며 형제를 사랑하며

하나님을 두려워하며 왕을 존대하라(벧전 2:17).

너는 네 하나님 여호와께서 명령한 대로 네 부모를 공경하라(신 5:16).

네 아버지와 어머니를 공경하라(엡 6:2).

존경과 공경은 마음으로 하는 것이다. 뿐만 아니라 존경과 공경은 말과 행동으로 하는 것이다. 말로 존경을 표하고 공경하는 것이 선한 말이다. 존경하는 말, 공경하는 말은 예의를 갖춘 말이다. 어른을 인정하는 말이다. 부모를 공경하는 말은 부모가 한 일을 부모가 했다고 말하는 것이다. 마치 찬양이 하나님이 하신 일을 하나님이 하셨다고 말하는 것처럼, 상사가 한 일을 상사가 했다고 말하는 것이 존경하는 말이다. 부모가 한 일을 부모가 한 일이라고 말하는 사람을 은혜를 아는 사람

이라고 한다. 마치 하나님이 값없이 나를 구원하셨다고 말하는 사람을 하나님의 은혜를 아는 사람이라고 하는 것처럼 말이다. 감사 역시 존경의 표현이다. 존경하는 말, 공경하는 말은 힘이 있다. 그 말에는 약속이 있다.

> 너는 네 하나님 여호와께서 명령한 대로 네 부모를 공경하라. 그리하면 네 하나님 여호와가 네게 준 땅에서 네 생명이 길고 복을 누리리라(신 5:16).
>
> 네 아버지와 어머니를 공경하라. 이것은 약속이 있는 첫 계명이니 이로써 네가 잘되고 땅에서 장수하리라(엡 6:2-3).

하나님이 명하신 선한 말: 칭찬

사람은 누구나 장점과 단점을 가지고 있다. 강점과 약점을 가지고 있다. 이것은 세상 모든 사람들의 공통점이다. 이 세상에는 장점만 있는 사람도 없고 전체가 약점인 사람도 없다. 사람은 장점 더하기 단점이다. 성경의 표현대로 한다면 **의인은 없나니 하나도 없으며**(롬 3:10). 모든 사람은 다 허물이 있다. 사람이 지닌 장점과 단점 중에 장점을 말해 주는 것이 칭찬이다. 그것을 인정하고 그것을 말해 주는 것이 칭찬이다.

칭찬과 존경 그리고 찬양의 공통점 중 하나는 인정한다는 것이다. 하나님을 하나님으로 인정할 때 찬양이 된다. 상대를 인정해 주는 것은 칭찬과 존경의 출발점이다. 때로는 인정하기만 해도 그것이 칭찬이 되는 경우도 있다.

"당신은 내 남편입니다. 당신은 하나님이 내게 선물로 주신 아내입니다. 너는 내 아들이다. 너는 내 사랑하는 딸이다. 목사님은 나의 담임목사님입니다. 선생님은 나의 스승입니다. 당신은 나의 주인입니다."

하나님은 우리를 인정하신다. 다음 말씀은 당신을 향한 하나님의 칭찬이다.

> 내가 여호와의 명령을 전하노라. 여호와께서 내게 이르시되 너는 내 아들이라 오늘 내가 너를 낳았도다(시 2:7).
> 야곱아, 너를 창조하신 여호와께서 지금 말씀하시느니라. 이스라엘아 너를 지으신 이가 말씀하시느니라. 너는 두려워하지 말라. 내가 너를 구속하였고 내가 너를 지명하여 불렀나니 너는 내 것이라. 네가 물 가운데로 지날 때에 내가 너와 함께 할 것이라. 강을 건널 때에 물이 너를 침몰하지 못할 것이며 네가 불 가운데로 지날 때에 타지도 아

니할 것이요. 불꽃이 너를 사르지도 못하리니. 대저 나는 여호와 네 하나님이요, 이스라엘의 거룩한 이요, 네 구원자임이라. 내가 애굽을 너의 속량물로, 구스와 스바를 너를 대신하여 주었노라.

네가 내 눈에 보배롭고 존귀하며 내가 너를 사랑하였은즉 내가 네 대신 사람들을 내어 주며 백성들이 네 생명을 대신하리니 두려워하지 말라. 내가 너와 함께 하여 네 자손을 동쪽에서부터 오게 하며 서쪽에서부터 너를 모을 것이며 내가 북쪽에게 이르기를 내놓으라 남쪽에게 이르기를 가두어 두지 말라. 내 아들들을 먼 곳에서 이끌며 내 딸들을 땅 끝에서 오게 하며 내 이름으로 불려지는 모든 자 곧 내가 내 영광을 위하여 창조한 자를 오게 하라. 그를 내가 지었고 그를 내가 만들었느니라(사 43:1-7).

하나님의 인정을 받으면 든든해진다. 마음이 편안해진다. 두려움이 사라진다. 자존감이 살아난다.

격려도 넓은 의미에서 칭찬이다. 하나님께서는 "서로 돌아보아 사랑과 선행을 격려하라(히 10:24)"고 말씀하셨다. 우리는 곁에 있는 사람들의 사랑과 선행을 부지런히 격려해야 한다. 가끔은 칭찬을 하려다, 인정하고 격려하려고 하다가 머뭇거리고 주저하는 경우도 있다. 무엇이 우리로 하여금 칭찬을 주저하게 하는지 살펴볼 필요가 있다.

칭찬하는 입을 막는 말은 "아부하지 말라"다. 하나님의 말씀에 순종해서 열심히 주변 사람의 사랑과 선행을 칭찬하고 있는데 누군가 와서 "아부하지 말라"고 한마디 하면 칭찬하던 입이 바로 닫혀버린다. 이렇게 닫힌 문은 좀처럼 쉽게 열리지 않는다.

아부와 칭찬은 외견상으로 보면 같다. 그래서 이런 일이 생기는 것이다. 칭찬과 아부 둘 다 상대를 좋게 말하는 것이다. 차이는 동기다. 칭찬과 아부는 동기가 다르다. 사람을 이용하기 위해 한 좋은 말이면 아부고, 사람을 사랑해서 한 좋은 말이면 칭찬이다. 칭찬인지 아부인지는 말로는 구분이 안 된다. 둘 다 좋은 말이기 때문이다. 말한 사람의 마음을 열어 봐야 알 수 있다. 그러나 마음을 열어보는 것은 오직 하나님과 본인만 할 수 있는 일이다. 그래서 제삼자는 모른다. 다만 우리가 알 수 있는 것은 그 사람에 대해 좋은 말을 한 사람이 다른 사람 앞에서 그를 험담한다면 그것은 아부일 가능성이 높다는 정도다.

칭찬은 선한 말이고 아부는 악한 말이다. 칭찬은 하나님이 하라고 한 말이고, 아부는 하나님께서 금하신 말이다. 칭찬이 아부로 오해될 수 있다. 그렇다고 해서 칭찬하는 입을 닫아서는 안 된다. 그럼에도 우리는 하나님의 말씀을 따라 동기가 순수하다면 사랑과 선행을 격려하고 칭찬해야 한다.

자녀를 향해 칭찬하기를 주저하는 분들이 있다. 실제로 평생 한번도 부모에게 칭찬을 받지 못하고 자란 자녀들도 있다. 다른 이유도 있지만 그중 하나는 부모들이 칭찬에 대해 오해하고 있기 때문이다. 칭찬을 하면 자녀들이 우쭐해지거나 버릇이 없어진다고 오해하는 것이다. 그렇지 않다. 오히려 칭찬은 금 같은 사람을 만든다.

잠언 27장 21절 말씀을 보면, 도가니로 은을, 풀무로 금을, 칭찬으로 사람을 단련하느니라고 기록되어 있다.

칭찬이 좋다는 말인지 아니면 나쁘다는 말인지 성경을 읽고 나서도 혼동될 수 있다. 그것은 이 구절 끝에 있는 "단련하느니라" 때문이다. 개역한글성경에는 "시련하느니라"로 되어 있어 더욱 그렇다.

이럴 때 필요한 것이 성경을 기록한 원어로 이 말씀을 살펴보는 것이다. 구약은 히브리어로 기록되었다. "단련하느니라"를 히브리어로 찾아 그 뜻을 히브리어 원어 사전에서 찾아보면 된다. 그런데 난감하게도 21절을 원문으로 보면 "단련하느니라"가 없다. 도가니로 은을 풀무로 금을 칭찬으로 사람을이라고 되어 있다. "단련하느니라"는 말은 이해를 돕기 위해 우리말로 번역하는 과정에서 들어간 것이다. 대한성서공회에서 나온 성경에는 "단련하느니라"가 본문체의 반 정도 되는 작은 크기로 쓰여 있다. 원문에는 없으나 이해를 돕기 위해 삽입했다는 표시다. 그런데 이 이해를 돕기 위해 삽입한 문구가 오히려 오해를 하게 한 것은 아닌가 하는 생각이 든다.

금 같은 사람을 만드는 칭찬

금과 은이 어떻게 만들어지는가? 칭찬이 어떻게 금 같은 사람을 만드는가? 금이나 은이 섞여 있는 돌을 원광석이라고 한다. 원광석을 도가니에 넣고 풀무를 돌리며 불을 때면 돌은 돌대로 금은 금대로 분리된다. 돌 속에 섞여 있던 금이 도가니와 풀무를 통해 정금이 된다.

도가니로 은을 만든다. 풀무로 금을 만든다. 그렇다면 그 다음 이어지는 '칭찬으로 사람을' 하는 것은 어떻게 해석해야 할까? 칭찬으로 사람을 만든다. 어떤 사람을 만드는가? 앞에서 풀무나 도가니를 통해 좋은 것이 만들어졌다. 그렇다면 칭찬을 통해서 만들어지는 사람은 어떤 사람일까? 금 같은 사람이 만들어진다.

도가니와 풀무가 금과 돌을 분리한다. 순전한 금과 은을 만들기 위해 풀무와 도가니가 하는 역할을 사람에게 하는 것이 칭찬이다. 칭찬은 사람을 금과 같이, 은과 같이 귀한 존재로 만든다.

사람 속에도 불순물이 들어 있다. 많은 사람들이 불순물을 제거하는 것을 비판이라고 생각한다. 그래서 열심히 비판한다. 그것을 사명으로 알고 사는 사람도 있다. 사람 속에 있는 불순물, 사회 속에 있는 불순물을 제거하기 위해 끊임없이 비판한다.

그러나 그렇지 않다. 비판을 받으면 사람이 움츠러들고 방어적이 된다. 오히려 변화되지 않는다. 하지만 칭찬은 사람에게서 불순물을 분리해낸다. 사람은 원광석과 같다. 금이 섞인 돌 말이다. 칭찬을 통해 사람 안에서도 돌과 금이 분리된다. 원광석에서 돌을 제거해내면 금만 남듯이 칭찬으로 사람 속에 있는 불순물이 제거되면 금 같은 사람이 되는 것이다. 칭찬은 사람을 금같이 존귀하게 만든다. 금 같은 사람은 태어나는 것이 아니라 칭찬으로 만들어지는 것이다.

잠언에는 칭찬받는 현숙한 여인이 등장한다. 이 여인은 어떤 칭찬을 받았는가?

> 누가 현숙한 여인을 찾아 얻겠느냐. 그의 값은 진주보다 더 하니라. 그의 자식들은 일어나 감사하며 그의 남편은 칭찬하기를 덕행 있는 여자가 많으나 그대는 모든 여자보다 뛰어나다 하느니라. 고운 것도 거짓되고 아름다운 것도 헛되나 오직 여호와를 경외하는 여자는 칭찬을 받을 것이라. 그 손의 열매가 그에게로 돌아갈 것이요. 그 행한 일로 말미암아 성문에서 칭찬을 받으리라(잠 31:10, 28-31).

다음은 아가서에 나타난 칭찬이다. 이 말씀은 칭찬교본과도 같다. 성경이 얼마나 구체적으로 칭찬하고 있는지를 잘 알 수 있다.

사랑
네 사랑이 포도주보다 나음이로구나.

화장품

네 기름이 향기로워 아름답구나.

네 의복의 향기는 레바논의 향기 같구나.

네 기름의 향기는 각양 향품보다 향기롭구나.

이름

네 이름이 쏟은 향기름 같으므로 처녀들이 너를 사랑하는구나.

소중한 존재

나의 사랑하는 자는 내 품 가운데 몰약 향주머니요,

나의 사랑하는 자는 내게 엔게디 포도원의 고벨화 송이로구나.

남자들 중에 나의 사랑하는 자는 수풀 가운데 사과나무 같구나.

내가 그 그늘에 앉아서 심히 기뻐하였고

그 열매는 내 입에 달았도다.

그가 나를 인도하여 잔칫집에 들어갔으니

그 사랑은 내 위에 깃발이로구나.

아름다움

나의 사랑, 내 어여쁜 자야 일어나서 함께 가자.

내 누이, 내 신부야,

네 사랑이 어찌 그리 아름다운지 네 사랑은 포도주보다 진하구나.

사랑아, 네가 어찌 그리 아름다운지

어찌 그리 화창한지 즐겁게 하는구나.

아침 빛 같이 뚜렷하고 달 같이 아름답고

해 같이 맑고 깃발을 세운 군대 같이 당당한 여자가 누구인가.

내 사랑아, 너는 디르사 같이 어여쁘고, 예루살렘 같이 곱고,

깃발을 세운 군대 같이 당당하구나.

내 사랑아, 내가 너를 바로의 병거의 준마에 비하였구나.

내 사랑아, 너는 어여쁘고 어여쁘다.

내 사랑하는 자는 노루와도 같고 어린 사슴과도 같구나.

너는 어여쁘고 화창히 구나.

생김새는 레바논 같으며 백향목처럼 보기 좋구나.

내 사랑하는 자는 희고도 붉어 많은 사람 가운데에 뛰어나

구나.

순결함

내 누이, 내 신부는

잠근 동산이요, 덮은 우물이요, 봉한 샘이로구나.

목소리

네 소리를 듣게 하라. 네 소리는 부드럽구나.

부모

귀한 자의 딸아,

그 낳은 자가 귀중하게 여기는 자로구나.

복됨

여자들이 그를 보고 복된 자라 하고

왕비와 후궁들도 그를 칭찬하는구나.

고결함

여자들 중에 내 사랑은 가시나무 가운데 백합화 같도다.

무흠함

나의 사랑, 너는 어여쁘고 아무 흠이 없구나.

근원

네게서 나는 것은

석류나무와 각종 아름다운 과수와 모든 귀한 향품이라.

너는 동산의 샘이요, 생수의 우물이요,

레바논에서부터 흐르는 시내로구나.

몸

몸은 아로새긴 상아에 청옥을 입힌 듯하구나.

키

네 키는 종려나무 같구나.

머리

머리는 갈멜산 같구나.

머리는 순금 같구나.

머리털

네 머리털은 길르앗산 기슭에 누운 염소 떼 같구나.

드리운 머리털은 자주 빛이 있으니

왕이 그 머리카락에 매이었구나.

머리털은 고불고불하고 까마귀 같이 검구나.

얼굴

내가 네 얼굴을 보게 하라.

네 얼굴은 아름답구니.

눈

눈은 시냇가의 비둘기 같은데

우유로 씻은 듯하고 아름답게도 박혔구나.

네 눈이 비둘기 같구나.

너울 속에 있는 네 눈이 비둘기 같구나.

눈은 헤스본 바드랍빔 문 곁에 있는 연못 같구나.

코

코는 다메섹을 향한 레바논 망대 같구나.

콧김

네 콧김은 사과 냄새 같구나.

뺨

뺨은 향기로운 꽃밭 같고 향기로운 풀언덕과도 같구나.

네 두 뺨은 땋은 머리털로 아름답구나.

너울 속의 네 뺨은 석류 한 쪽 같구나.

입

네 입은 어여쁘다.

네 혀 밑에는 꿀과 젖이 있구나.

네 입은 좋은 포도주 같을 것이니라.

입은 심히 달콤하니 그 전체가 사랑스럽구나.

입술

네 입술은 홍색 실 같구나.

이

네 이는 목욕장에서 나오는 털 깎인 암양

곧 새끼 없는 것은 하나도 없이 각각 쌍태를 낳은 양 같구나.

목

네 목은 구슬 꿰미로 아름답구나.

네 목은 무기를 두려고 건축한 다윗의 망대

곧 방패 천 개, 용사의 모든 방패가 달린 망대 같구나.

목은 상아 망대 같구나.

유방

네 두 유방은 백합화 가운데서 꿀을 먹는 쌍태 어린 사슴 같구나.

두 유방은 암사슴의 쌍태 새끼 같구나.

네 유방은 종려나무 열매 송이 같구나.

네 유방은 포도송이 같구나.

손

손은 황옥을 물린 황금 노리개 같구나.

배꼽

배꼽은 섞은 포도주를 가득히 부은 둥근 잔 같구나.

허리

허리는 백합화로 두른 밀단 같구나.

넓적다리

네 넓적다리는 둥글어서 숙련공의 손이 만든 구슬 꿰미 같구나.

다리

다리는 순금 받침에 세운 화반석 기둥 같구나.

발

신을 신은 네 발이 어찌 그리 아름다운가.

타인이 너를 칭찬하게 하고 네 입으로는 하지 말며
외인이 너를 칭찬하게 하고 네 입술로는 하지 말지니라(잠 27:2).

자기가 자신을 칭찬하는 것은 자랑이다. 하나님은 이것은 하지 말라고 하셨다. 성경은 다른 사람으로 너를 칭찬하게 하라고 말씀하고 있다. 하나님이 칭찬을 금하신 것이 아니다. 또한 이 말이 다른 사람이 당신을 칭찬하는 것을 중단시키라는 의미도 아니다. 다른 사람이 당신을 칭찬하면 감사함으로 받으면 된다. 그리고 모든 것이 하나님의 은혜임을 고백하면 된다. 그러면 당신이 칭찬받는 일로 하나님이 영광을 받으실 것이다.

STUDY GUIDE

1. 하나님이 하라고 한 말이 선한 말이다. 다음 성경 말씀을 통해 무엇이 선한 말인지 찾아보라(시 47:6, 시 113:1, 시 98:5, 시 146:1, 시 148:7, 시 135:3, 롬 15:11, 렘 20:13, 시 68:4).

2. 찬양이 선한 말이다. 찬양이란 무엇인가? 찬양은 어떻게 하는가?

3. 하나님이 사람을 창조하셨다. 하나님이 사람을 창조하신 목적 중 하나가 무엇인가(사 43:21)?

4. 당신은 하나님을 어떻게 찬양하고 있는가? 당신이 경험한 찬양의 기쁨, 찬양의 능력을 함께 나누라(행 16:19-25).

말의힘 179

STUDY GUIDE

5. 하나님이 하라고 한 말이 선한 말이다. 다음 성경 말씀에서 선한 말을 찾아보라(롬 12:10, 딤전 5:17, 엡 5:33 개역 개정, 벧전 2:17, 신 5:16, 엡 6:2).

6. 존경과 공경은 마음으로 하는 것이다. 뿐만 아니라 존경과 공경은 말과 행동으로 하는 것이다. 말로 존경을 표하고 공경하는 것이 선한 말이다. 존경하는 말, 공경하는 말은 어떤 말인가? 존경과 공경의 대상은 누구인가(엡 6:2-3)?

7. 칭찬이 선한 말이다. 칭찬이란 무엇인가?

8. 칭찬과 존경과 찬양의 공통점과 차이점은 무엇인가?

STUDY GUIDE

9. 당신은 칭찬이 잘 되는가? 혹시 칭찬을 하려다 머뭇거리고 주저하지는 않는가? 무엇이 당신을 이렇게 만드는가?

10. 성경을 통해 칭찬하면 어떻게 되는지 확인해 보자. 잠언 27장 21절 말씀이다. 도가니로 은을 풀무로 금을 칭찬으로 사람을 단련하느니라. 이 말씀의 의미를 함께 나누라.

11. 금과 은이 어떻게 만들어지는가? 칭찬이 어떻게 금 같은 사람을 만드는가?

12. 아가서엔 칭찬이 가득하다. 아가서를 읽고 칭찬만 옮겨 적어 보라. 특별히 머리에서 발까지 신체 부위별로 어떻게 칭찬하고 있는지 찾아 적어 보라.

STUDY GUIDE

13. 하나님이 금한 칭찬도 있는가(잠 27:2)?

14. week 8을 통해 하나님이 주신 은혜를 함께 나누라.

NOTE

선한 말은 하나님이 하라고 한 말이다.

교훈과 책망은 선한 말이다.

칭찬과 격려가 사랑이듯이 교훈과 책망도 사랑이다.

교훈과 책망은 지혜로운 사람을 만든다.

본문에서는 선한 말, 교훈과 책망을 배운다.

week 9
교훈과 책망은
지혜로운 사람을 만든다

하나님이 하라고 한 말이 선한 말이다. 다음 성경 말씀을 읽고 또 하나의 선한 말을 찾아보라.

또 아들들에게 권하는 것 같이 너희에게 권면하신 말씀도 잊었도다 일렀으되 내 아들아, 주의 징계하심을 경히 여기지 말며 그에게 꾸지람을 받을 때에 낙심하지 말라. 주께서 그 사랑하시는 자를 징계하시고 그가 받아들이시는 아들마다 채찍질하심이라 하였으니 너희가 참음은 징계를 받기 위함이라. 하나님이 아들과 같이 너희를 대우하시나니 어찌 아버지가 징계하지 않는 아들이 있으리요. 징계는 다 받는 것이거늘 너희에게 없으면 사생자요, 친아들이 아니니라. 또 우리 육신의 아버지가 우리를 징계하여도 공경하였거든 하물며 모든 영의 아버지께 더욱 복종하며 살려 하지 않겠느냐.
그들은 잠시 자기의 뜻대로 우리를 징계하였거니와 오직 하나님은 우리의 유익을 위하여 그의 거룩하심에 참여하게 하시느니라. 무릇 징계가 당시에는 즐거워 보이지 않고 슬퍼 보이나 후에 그로 말미암아 연단 받은 자들은 의와 평강의 열매를 맺느니라. 그러므로 피곤한 손과 연약한 무릎을 일으켜 세우고 너희 발을 위하여 곧은 길을 만들어 저는 다리로 하여금 어그러지지 않고 고침을 받게 하라(히 12:5-13).

하나님이 명하신 선한 말: 교훈과 책망

교훈과 책망이 선한 말이다. 칭찬에 대해 가르치다 보면 그동안 자녀를 책망했던 것을 회개하는 사람들을 보게 된다. 칭찬을 훈계와 책망의 반대 개념으로 이해하여 생긴 오해 때문이다. 칭찬의 반대 개념은 비난과 비판이다. 하나님이 금하신 것은 비난과 비판이지 교훈과 책망이 아니다. 교훈과 책망은 선한 말이다. 좋은 것이다. 칭찬과 격려도 사랑이고 교훈과 책망도 사랑이다.

교훈과 책망은 하나님이 지혜를 담아 주시는 그릇이다. 교훈과 책망을 받아들이는 사람은 그 안에 담긴 지혜도 함께 받는다. 안타깝게도 교훈과 책망을 받으려고 하지 않는 이들이 있다. 성경에도 있고 세상에도 있다. 과거에도 있었고 현재에도 있다.

> 훈계 받기를 싫어하는 자는 자기의 영혼을 경히 여김이라.
> 견책을 달게 받는 자는 지식을 얻느니라(잠 15:32).
> 훈계를 좋아하는 자는 지식을 좋아하거니와
> 징계를 싫어하는 자는 짐승과 같으니라(잠 12:1).

거만한 자는 견책 받기를 좋아하지 아니하며

지혜 있는 자에게로 가지도 아니하느니라(잠 15:12).

아비의 훈계를 업신여기는 자는 미련한 자요,

경계를 받는 자는 슬기를 얻을 자니라(잠 15:5).

미련한 자는 자기 행위를 바른 줄로 여기나

지혜로운 자는 권고를 듣느니라(잠 12:15).

성경은 증거한다. "훈계받기를 싫어하는 자는 자기의 영혼을 경히 여기는 것이다." 징계를 싫어하는 자는 짐승과 같다. 아비의 훈계를 업신여기는 자는 미련한 자다. 미련한 자는 자기의 행위가 바른 줄로 여기기 때문에 훈계를 받으려고 하지 않는다. 거만한 자는 견책 받기를 좋아하지 아니하며 지혜 있는 자에게로 가지도 아니한다.

교훈과 책망을 싫어하면 어떻게 되는가?

엘리가 매우 늙었더니 그의 아들들이 온 이스라엘에게 행한 모든 일과 회막 문에서 수종 드는 여인들과 동침하였음을 듣고 그들에게 이르되 너희가 어찌하여 이런 일을 하느냐. 내가 너희의 악행을 이 모든 백성에게서 듣노라. 내 아들들아 그리하지 말라. 내게 들리는 소문이 좋지 아니하니라. 너희가 여호와의 백성으로 범죄하게 하는도다. 사람이 사람에게 범죄하면 하나님이 심판하시려니와 만일 사람이 여호와께 범죄하면 누가 그를 위하여 간구하겠느냐 하되 그들이 자기 아버지의 말을 듣지 아니하였으니 이는 여호와께서 그들을 죽이기로 뜻하셨음이더라(삼상 2:22-25).

엘리 제사장의 두 아들은 아버지의 교훈과 책망을 받아들이지 않았다. 안타깝게도 엘리의 두 아들은 블레셋과의 전쟁에서 같은 날 죽었다.

그 사람들이 롯에게 이르되 이 외에 네게 속한 자가 또 있느냐. 네 사위나 자녀나 성 중에 네게 속한 자들을 다 성 밖으로 이끌어 내라. 그들에 대한 부르짖음이 여호와 앞에 크므로 여호와께서 이 곳을 멸하시려고 우리를 보내셨나니 우리가 멸하리라. 롯이 나가서 그 딸들과 결혼할 사위들에게 말하여 이르기를 여호와께서 이 성을 멸하실 터이니 너희는 일어나 이 곳에서 떠나라 하되 그의 사위들은 농담으로 여겼더라(창 19:12-14).

천사들이 롯에게 소돔과 고모라가 멸망할 것을 전해 주었다. 그러면서 사위나 자녀나 성중에 네게 속한 자들을 다 성 밖으로 이끌어내라고 했다. 그러나 롯의 사위들은 롯의 교훈과 책망을 농담으로 여기고 듣지 않았다. 안타깝게도 롯의 사위들은 소돔과 고모라가 유황불에 멸망당할 때 함께 죽었다.

교훈과 책망을 싫어하면

나의 책망을 듣고 돌이키라 보라 내가 나의 영을 너희에게 부어 주며 내 말을 너희에게 보이리라. 내가 불렀으나 너희가 듣기 싫어하였고 내가 손을 폈으나 돌아보는 자가 없었고 도리어 나의 모든 교훈을 멸시하며 나의 책망을 받지 아니하였은즉 너희가 재앙을 만날 때에 내가 웃을 것이며 너희에게 두려움이 임할 때에 내가 비웃으리라. 너희의 두려움이 광풍 같이 임하겠고 너희의 재앙이 폭풍 같이 이르겠고 너희에게 근심과 슬픔이 임하리니 그 때에 너희가 나를 부르리라. 그래도 내가 대답하지 아니하겠고 부지런히 나를 찾으리라. 그래도 나를 만나지 못하리니 대저 너희가 지식을 미워하며 여호와 경외하기를 즐거워하지 아니하며 나의 교훈을 받지 아니하고 나의 모든 책망을 업신여겼음이니라(잠 1:23-30).

성경은 교훈과 책망을 싫어하면 재앙, 두려움, 근심, 슬픔이 임할 것이라고 경고했다.

> 그(아도니야)는 압살롬 다음에 태어난 자요, 용모가 심히 준수한 자라.
> 그의 아버지가 네가 어찌하여 그리 하였느냐고 하는 말로
> 한 번도 그를 섭섭하게 한 일이 없었더라(왕상 1:6).

아도니야는 압살롬 다음에 태어난 다윗의 아들이다. 다윗 말년에 음모를 꾸며 스스로 왕이 되려고 했던 아들이다. 성경은 그 아버지 다윗이 아도니야를 책망하지 않았다고 기록하고 있다.

교훈과 책망의 유익

1) 지혜롭게 된다.

너는 권고를 들으며 훈계를 받으라.
그리하면 네가 필경은 지혜롭게 되리라(잠 19:20).
아비의 훈계를 업신여기는 자는 미련한 자요.
경계를 받는 자는 슬기를 얻을 자니라(잠 15:5).
내 아들아 너는 듣고 지혜를 얻어 네 마음을 바른 길로 인도할지니라(잠 23:19).

지혜 있는 자는 듣고 학식이 더할 것이요.

명철한 자는 지략을 얻을 것이라(잠 1:5).

교만에서는 다툼만 일어날 뿐이라 권면을 듣는 자는 지혜가 있느니라(잠 13:10).

2) 부요를 누린다.

지혜 있는 자의 집에는 귀한 보배와 기름이 있으나

미련한 자는 이것을 다 삼켜 버리느니라(잠 21:20).

3) 평안하게 된다.

오직 내 말을 듣는 자는 평안히 살며 재앙의 두려움이 없이 안전하리라(잠 1:33).

4) 사망의 그물을 벗어난다.

지혜 있는 자의 교훈은 생명의 샘이니

사망의 그물에서 벗어나게 하느니라(잠 13:14).

5) 건강하게 장수한다.

내 아들아, 내 말에 주의하며 내가 말하는 것에 네 귀를 기울이라.

그것을 네 눈에서 떠나게 하지 말며 네 마음 속에 지키라.

그것은 얻는 자에게 생명이 되며 그의 온 육체의 건강이 됨이니라 (잠 4:20-22).

훈계를 굳게 잡아 놓치지 말고 지키라. 이것이 네 생명이니라(잠 4:13).

내 아들아, 들으라. 내 말을 받으라. 그리하면 네 생명의 해가 길리라(잠 4:10).

아들들아, 아비의 훈계를 들으며 명철을 얻기에 주의하라.

내가 선한 도리를 너희에게 전하노니 내 법을 떠나지 말라.

나도 내 아버지에게 아들이었으며 내 어머니 보기에 유약한 외아들이었노라(잠 4:1-3).

네가 만일 네 아버지 다윗이 행함 같이 내 길로 행하며

내 법도와 명령을 지키면 내가 또 네 날을 길게 하리라(왕상 3:14).

6) 존귀와 영광을 얻는다.

훈계를 저버리는 자에게는 궁핍과 수욕이 이르거니와

경계를 받는 자는 존영을 받느니라(잠 13:18).

7) 평안함과 기쁨을 주는 사람이 된다.

채찍과 꾸지람이 지혜를 주거늘

임의로 행하게 버려 둔 자식은 어미를 욕되게 하느니라(잠 29:15).

네 자식을 징계하라.

그리하면 그가 너를 평안하게 하겠고 또 네 마음에 기쁨을 주리라 (잠 29:17).

8) 올바른 사람이 되다.

그러므로 내가 편지로 너희를 근심하게 한 것을 후회하였으나 지금은 후회하지 아니함은 그 편지가 너희로 잠시만 근심하게 한 줄을 앎이라. 내가 지금 기뻐함은 너희로 근심하게 한 까닭이 아니요. 도리어 너희가 근심함으로 회개함에 이른 까닭이라. 너희가 하나님의 뜻대로 근심하게 된 것은 우리에게서 아무 해도 받지 않게 하려 함이라. 하나님의 뜻대로 하는 근심은 후회할 것이 없는 구원에 이르게 하는 회개를 이루는 것이요. 세상 근심은 사망을 이루는 것이니라(고후 7:8-10).

교훈과 책망은 누가?

이것은 상당히 미묘한 문제다. 성경을 보면 하나님이 교훈하고 책망하신다. 또한 하나님께서는 교훈과 책망을 하나님이 세우신 사람에게 위임하셨다. 하나님으로부터 교훈과 책망하는 일을 위임받은 이들은 부모, 교사, 목회자, 지도자, 선지자, 제사장, 왕, 상전, 관원 등이다. 하나님이 세상의 질서를 위해 세워 놓으신 머리 된 사람들에게 하나님께서는 교훈과 책망을 위임하셨다. 일반적으로 하나님께서는 윗사람에게 교훈과 책망을 위임하셨다.

교훈과 책망의 이유

교훈이 잘못하기 전에 하는 것이라면 책망은 잘못한 후에 하는 것이라고 할 수 있다. 교훈과 책망은 잘되게 하기 위함이다. 바른 길을 가라고 교훈했는데 듣지 않고 그릇된 길로 가면 잘못을 바로잡기 위해 책망을 한다. 교훈이 예방적 차원이라면, 책망은 치료를 위함이다. 교훈과 책망을 받으면 사람은 잘되고 바르게 된다.

그렇다면 우리는 '잘못을 바로 잡는 것'을 우리의 사명으로 삼을 것인가의 문제에 직면하게 된다. 이 세상에 있는 모든 사람과 그 사람들로 구성된 모든 공동체는 예외 없이 다 허물이 있다. 잘못된 것이 있다. 이것을 어떻게 처리해야 하는가? 교훈과 책망을 통해 이것을 다 바로잡아야 하는가?

만약 이것을 사명으로 여긴다면 우리는 집에서 시장까지

1km를 3박 4일이 걸려도 가지 못할 것이다. 왜냐하면 그 사이에 바로잡아야 할 것이 한두 가지가 아니기 때문이다. 길에 침을 뱉는 사람도 있고, 신호 위반을 하는 사람도 있고, 물건을 거리에 쌓아 놓은 가게도 있고, 욕을 하는 사람도 있고, 운전을 하며 핸드폰 통화를 하는 사람도 있다. 그들의 잘못을 일일이 바로잡다 보면 1km의 짧은 거리라 할지라도 3박 4일도 모자랄 것이다.

만약 교훈과 책망으로 바로잡는 것을 사명으로 여기고 사는 사람이 어느 공동체에 들어갔다면 그는 투사가 되든지 그 공동체를 뛰쳐나오든지 둘 중에 하나를 택해야 한다. 이런 사람이 사회와 국가, 나아가 세계에 관심을 갖게 되면 바로잡아야 할 일은 기하급수적으로 늘어난다.

교훈과 책망의 범위

사람은 허물이 있다. 허물이 없는 사람은 없다. 잘못이 없는 사람은 없다. 성경은 이 허물을 대하는 두 가지 방안을 가르쳐 준다. 하나는 교훈과 책망을 하라는 것이고, 다른 하나는 허물을 덮어 주라는 것이다. 교훈과 책망을 통해 바로잡으라고도 하고, 허물을 덮어 주라고도 한다.

성경은 이렇게 말한다. "허물을 덮어 주는 것이 사랑이다. 허물을 용서하는 것이 자기 영광이다." 바울은 고린도교회에 두 번째 편지를 써 보내면서 자신을 용납해 달라고 부탁하고 있다. "너희는 나의 좀 어리석은 것을 용납하라. 청컨대 나를 용납하라." 하나님은 사랑으로 피차 용납하라고 말씀하신다.

교훈과 책망을 하라는 말씀과 허물을 덮어 주고 피차 용납하라는 말씀은 어떻게 보면 모순인 것 같다. 그러나 성경에는 모순이 없다. 교훈과 책망의 범위라는 관점에서 보아야 한다. 특별한 경우도 있지만 일반적으로는 하나님이 정해 주신 교훈과 책망의 범위가 있다. 세상 모든 사람을 다 교훈하고 책망하려고 하지 말아야 한다. 그것을 사명으로 여기지도 말아야 한다. 하나님이 정해 주신 범위 안에서 교훈하고 책망해야 한다.

만약 부모라면 하나님이 정해 주신 확실한 교훈과 책망의 대상은 자녀다. 만약 교사라면 하나님이 자신에게 맡긴 학생들을 향해 교훈하고 책망하라. 만약 목사라면 당신이 담임하고 있는 교회 교인들을 향해 교훈하고 책망하라. 만약 당신이 어른이라면 아이들을 교훈하고 책망하라. 교훈과 책망의 범위는 경우에 따라 확대될 수 있다.

예를 들어 어떤 목사님을 한국교회 지도자로 하나님이 세우시면 그 목사님의 교훈과 책망의 범위는 개교회에서 한국교회로 확대될 수 있기 때문이다. 그렇다고 해서 이것을 하나님이 정해 주신 범위 안에 있는 사람을 향해서는 무조건 교훈과 책망을 하고, 그 밖에 있는 사람들에 대해서는 상관하지 말라는 것으로 결론지어서는 안 된다. 하나님이 우리에게 교훈하고 책망하라고 정해 주신 범위 안에 있는 사람의 허물도 때로는 덮어 주고 용납해 주어야 한다. 때로는 교훈하고 책망하기보다 기다려 줘야 하는 경우도 있다.

친구나 동료, 또는 교우 사이는 기본적으로 교훈과 책망을 주고받는 관계가 아니다. 일반적으로 이런 관계에서는 용납하는 것을 기본으로 해야 한다. 이 경우 하나님이 우리에게 허락하신 것은 충고다.

부모의 입장에서는 책망이 사랑이고, 책망이 필요하다는 것도 안다. 그런데 막상 책망하려고 하면 이것이 그리 쉬운 일만은 아니다. 때로 자녀를 교훈하고 책망한다고 한 것이 결과적으로 자녀를 비난하고 정죄하고 저주하게 된 안타까운 경우도 있다. 하나님은 부모에게 자녀들을 교훈하고 책망하라고 하셨다. 동시에 자녀들을 노엽게 하지 말라고 하셨다.

대개 부모가 책망을 하는 경우는 자녀들이 잘못한 때다. 자녀들이 잘못하면 부모는 실망을 하거나 화가 난다. 화가 나다 보니 감정을 잘 다스리지 못하고 그대로 쏟아 놓게 된다. 이렇게 되면 책망을 하기보다 자녀를 비난하거나 빈정거리기 쉽다. 책상 정리를 안 한 자녀를 책망한다고 시작한 것이 "너는 왜 맨날 이 모양이니. 네 맘대로 해. 나도 이젠 지쳤다. 내가 언제까지 이러고 살아야 하냐"는 한탄으로 이어질 수 있다. 책상 정리 안 한 것, 그것을 꾸짖으면 된다. 그것만 책망하면 된다. 책상 정리 안 한 것이 이렇게까지 확대시킬 사안은 아니다. 그러나 책망을 하다 보면 이렇게 되기가 쉽다. 교훈과 책망 기술학원이라도 있으면 다니고 싶은 것이 부모 심정인 경우도 있다.

교훈과 책망의 동기

교훈과 책망과 충고를 할 때 그 동기는 사랑이어야 한다. 동기가 사랑이 아니면 그것은 비난과 비판이다. 동기는 하나님이 아시고, 말하는 당사자가 안다. 교훈과 책망과 충고를 할 때마다 늘 동기가 사랑인지를 점검해야 한다.

잠언 4장을 보면 한 장 안에 내 아들아, 내 말을 들으라가 네 번이나 나온다. 이 말이 이렇게 거듭 나온 것은 그 자녀가 부모

말을 잘 안 들었다는 방증이기도 하다. 그럼에도 잠언에 나오는 아버지는 계속 내 아들아, 내 말을 받으라. 그리하면 네 생명의 해가 길리라고 말하고 있다. 자녀를 교훈하고 책망할 때도 부모의 입에서는 계속 자녀의 살 길이 제시되어야 한다.

만약 당신이 부모라면 당신이 하는 말 중 자녀가 들으면 화가 나는 말이 어떤 말인지 찾아보라. 어떤 말을 들으면 자녀들이 유난히 예민하게 반응하는지 살펴보라. 기회를 봐서 자녀에게 물어보라. 당신 자신은 그다지 의미를 두고 한 말이 아닌데도 자녀들이 예민하게 반응하는 말이 있을 수 있다. 할 수 있으면 책망 중이라도 이런 말들은 피하는 것이 좋다. 당신이 자녀라면 들었을때 화가 나는 말이 어떤 말인지 적어 보라. 그리고 그것을 미리 부모에게 알려 드리라는 것이 지혜다.

책망할 때 과거에 이미 용서한 자녀들의 잘못을 또다시 거론하지 말아야 한다. 자녀들은 지난 잘못에 대해 용서받은 줄 알았다가 또 그 잘못에 대해 들으면 부모에게 실망하고 화가 난다. 이미 회개한 죄를 또 회개하는 것은 어리석은 일이다. 마찬가지로 이미 용서한 잘못을 또 책망하는 것도 어리석은 일이다.

사단이 이미 용서한 자녀들의 잘못을 다시 기억나게 하거든 이렇게 외치라. "사단아, 나는 내 아들의 그 잘못을 이미 용서하였다." 이미 용서한 자녀들의 잘못은 하나님처럼 기억도 하지 말고 언급도 하지 말아야 한다.

비교하지 말라. 책망을 하면서 네 동생을 보라. 네 친구 아무개를 보라고 비교하는 것은 자녀를 노엽게 하는 일이다.

책망이 책망받는 사람에게 사랑으로 전달되었다면 그것은 잘한 책망이다. 그러나 그것이 미움으로 전달되었다면 잘못한 책망이다. 누군가 말했다. 그래도 나중에 자기도 커서 어른이 되고, 아이를 낳아서 길러보면 그때는 부모 심정 안다고. 그렇다. 그럴 것이다. 그러나 그러기에는 우리 자녀들이 너무나 많은 아픔과 상처로 가슴이 멍든 채로 어른이 되어야 한다. 나중에 부모가 되어서가 아니라, 지금 우리 자녀들이 부모의 교훈과 책망을 사랑으로 느끼며 자랐으면 좋겠다. 이 일을 위해 함께 기도하자.

윗사람의 잘못

하나님이 우리 위에 권위자로 세운 사람에게도 교훈과 책망을 해야 하는가?

교훈과 책망과 관련하여 대두되는 문제가 있다. 권위있는 윗사람이 잘못할 때 우리는 어떻게 해야 하는가 하는 문제다. 나는 성경을 통해 아버지 잘못을 바로잡지 못했다고 아들에게 책임을 물으시는 하나님을 발견하지 못했다. 그래서 기본적으로 권위있는 윗사람에 대해서는 교훈하거나 책망하는 일을 하려고 하지 않는다. 그 권위자를 세우신 하나님께서 교훈하시고 책망하실 것이라고 믿고 그것은 그분에게 맡긴다.

그렇다고 윗사람의 잘못을 보고만 있을 수는 없다. 이때 우리가 할 수 있는 좋은 일이 있다. 그것은 기도다. 성경을 보면 윗사람을 위해서 교훈하고 책망하라는 말씀은 없어도 기도하라는 말씀은 많다. 윗사람의 잘못은 기도로 하나님께 아뢰는 것이 지혜다. 물론 기도하며 제안이나 건의는 할 수 있다. 이때는 각별하게 예의를 갖추는 것이 필요하다. 우리의 건의나 제안이 권위를 부정하는 것이 아님을 태도로서 보여주어야 한다. 만약 당신이 윗사람이라면 당신은 모든 사람을 통해 교훈과 책망을 받을 자세를 갖고 마음을 열고 살아야 한다. 이것을 통해 당신은 지혜를 얻게 될 것이다.

하나님이 명하신 선한 말: 적당한 말

적당한 말이 선한 말이다.

너희 말을 항상 은혜 가운데서 소금으로 맛을 냄과 같이 하라.
그리하면 각 사람에게 마땅히 대답할 것을 알리라(골 4:6).

음식과 소금, 뗄레야 뗄 수 없는 관계다. 아무리 좋은 음식이라도 소금이 들어가지 않으면 맛이 없다. 그렇지만 소금이 너무 들어가면 짜고 써서 먹을 수 없다. 소금은 적당히 넣어야 한다. 말도 소금과 같아야 한다. 적당해야 한다. 아무리 좋은 말이라 할지라도 적당해야 한다. 적당한 말은 입맞춤과 같다.

말을 얼마나 해야 하는가? 솔로몬은 이 물음에 말을 많이 하는 자는 우매자라는 것으로 그 대답을 대신하고 있다. 어리석은 사람이 말을 많이 한다는 것이다. 우매자, 어리석은 사람, 미련한 사람은 다 비슷한 말이다. 사람이 어리석으면 말이 많아진다. 말이 많으면 허물을 면하기 어렵다. 모든 수고에는 이익이 있어도 어리석은 자의 입술의 말은 궁핍을 이룰 뿐이다. 이것은 성경의 가르침이다. 말은 양적으로도 적당해야 한다.

너는 하나님 앞에서 함부로 입을 열지 말며 급한 마음으로 말을 내지 말라.
하나님은 하늘에 계시고 너는 땅에 있음이니라.

그런즉 마땅히 말을 적게 할 것이라(전 5:2).

마땅히 말을 적게 하라. 이것이 하나님이 그의 백성들에게 주시는 말의 양(量)과 관련된 지침이다. 말을 적게 하기 위해서는 우리의 말을 듣고 계시는 하나님을 늘 의식하면서 말하는 습관을 갖는 것이 필요하다. 말을 하나님이 듣고 계신다는 것을 확신하는 사람은 분명 말을 절제하게 된다. 함부로 말하지 않는다. 감정대로 말하지 않는다. 그러다 보면 자연히 말의 양이 적어진다.

말 수가 적은 사람들에게는 마땅히 말을 적게 하라는 성경의 가르침이 퍽 마음에 들지 모른다. 그러나 무조건 말이 적다고 해서 다 지혜는 아니다. 적당하게는 해야 한다. 혹시 다른 사람을 무시하므로 상대할 가치가 없다고 판단하여 말을 하지 않는다면 그것은 지혜가 아니라 죄악이다.

말은 듣는 것과 말하는 것이 적당해야 한다.

미련한 자는 명철을 기뻐하지 아니하고
자기의 의사를 드러내기만 기뻐하느니라(잠 18:2).
내 사랑하는 형제들아, 너희가 알지니 사람마다 듣기는 속히 하고 말하기는 더디 하며 성내기도 더디 하라(약 1:19).

다른 사람의 말은 들으려 하지 않고 자신의 말만 하는 이들이 간혹 있다. 혼자 신이 나서 말한다. 성경은 미련한 자는 다른 사람의 말을 듣는 것을 기뻐하지 아니하고 자기 말을 하기만 기뻐한다고 가르친다. 이 말씀 안에는 다른 사람의 말을 듣는 것이 명철이라는 진리가 포함되어 있다. '다른 사람의 말을 듣는 것' 대신에 '명철'이 쓰였다. "너희는 듣기는 속히 하고 말하기는 더디 하라"는 성경의 가르침은 말을 하는 것과 듣는 것을 어떻게 적당히 할 것인가를 잘 가르쳐 주는 중요한 지침이다. 말은 듣는 것과 말하는 것이 적딩해야 한다.

목소리의 크기, 말의 속도, 생각이 말로 나오는 속도도 적당해야 한다.

말소리를 너무 작게도 하지 말고 너무 크게도 하지 말고 적당하게 하라는 말이다. 소리를 크게 해야 할 때는 크게, 작게 해야 할 때는 작게, 때에 따라 적당히 해야 한다. 이른 아침에 큰소리로 이웃을 축복하면 도리어 저주같이 여기게 되기도 한다(잠 27:14). 말하는 음성의 크기도 적당해야 한다.

말은 너무 빨라도 안 되고 너무 느려도 안 된다. 말이 빠른

말의 힘 205

사람과 대화를 하다 보면 숨이 차 오른다. 일반적으로 말이 빠른 사람은 또한 말소리도 크다. 이런 사람과 대화를 하면 금세 피곤해진다. 반면에 말이 느린 사람과 대화를 하다 보면 답답하다. 말은 속도 면에서도 적당해야 좋다. 그러나 천성적으로 말을 빨리 할 수 없는 분들이 있다. 또 나이가 들면 말이 느려진다. 느린 말도 기쁨으로 들을 수 있는 귀가 우리에게 있었으면 좋겠다.

말하는 속도뿐 아니라 생각을 말로 표현하는 속도도 적당해야 한다. 어떤 사람은 생각을 잠시도 마음에 담아 두지 못하고 생각나는대로 당장 말해 버린다. 말의 실수가 많을 수 있다. 사람들에게 신뢰를 잃을 수도 있다. 자신이 한 말들을 감당하지 못한 결과다. 함부로 이 물건은 거룩하다 하여 서원하고 그 후에 그것을 살피면 그것이 그물이 되는 것과 마찬가지다(잠 20:25). 성경은 말한다. 네가 말이 조급한 사람을 보느냐? 그보다 미련한 자에게 오히려 희망이 있느니라(잠 29:20). 지혜로운 사람의 마음은 대답할 말을 깊이 생각한다.

STUDY GUIDE

1. 하나님이 하라고 한 말이 선한 말이다. 다음 성경 말씀을 읽고 무엇이 선한 말인지 찾아보라(히 12:5-13).

2. 칭찬에 대해 가르치다 보면 그동안 자녀를 책망했던 것을 회개하는 사람들을 보게 된다. 왜 이런 일이 일어나는가?

3. 교훈과 책망이 선한 말이나. 교훈과 책망은 하나님이 지혜를 담아 주시는 그릇이다. 교훈과 책망을 받아들이는 사람은 그 안에 담긴 지혜도 함께 받는다. 안타깝게도 교훈과 책망을 받으려고 하지 않는 이들이 있다. 성경이 이들을 향해 하는 말을 찾아보라(잠 15:32, 잠 12:1, 잠 15:12, 잠 15:5, 잠 12:15).

4. 교훈과 책망을 싫어하면 어떻게 되는지 다음 성경 말씀에서 찾아보라(삼상 2:22-25, 창 19:12-14, 잠 1:23-30, 왕상 1:6).

STUDY GUIDE

5. 교훈과 책망의 유익을 성경에서 찾아보라(잠 19:20, 잠 15:5, 잠 23:19, 잠 1:5, 잠 13:10, 잠 1:33, 잠 13:14, 잠 4:20-22, 잠 4:13, 잠 4:10, 잠 4:1-3, 왕상 3:14, 잠 13:18, 잠 29:15, 잠 29:17, 고후 7:8-10).

6. 교훈과 책망은 누가 하는가?

7. 교훈과 책망은 왜 하는가?

8. 교훈과 책망을 어느 범위까지 할 것인가?

9. 친구나 동료, 또는 교우 사이에도 교훈하고 책망해야 하는가?

STUDY GUIDE

10. 교훈과 책망을 할 때 유념해야 할 것은 무엇인가(엡 6:1-4)?

11. 교훈과 책망과 충고를 할 때 그 동기가 사랑이어야 한다. 동기가 사랑이 아니면 그것은 비난과 비판이 된다. 교훈과 책망과 충고를 할 때마다 늘 동기가 사랑인지를 체크하라.

12. 하나님이 당신 위에 권위자로 세운 사람에게도 교훈과 책망을 해야 하는가?

13. 그렇다고 권위 윗사람의 잘못을 보고만 있을 수는 없다. 이때 당신이 할 수 있는 좋은 일이 있다. 그것이 무엇인가?

STUDY GUIDE

14. 적당한 말의 유익을 함께 나누라(골 4:6).

15. week 9를 통해 하나님이 주신 은혜를 함께 나누라.

NOTE

우리는 성경을 통해 말을 배우고 있다.

선한 말과 악한 말을 배우고 있다.

선한 말은 치료하는 능력이 있다. 살리는 능력이 있다.

성공하게 하는 능력이 있다. 행복하게 하는 능력이 있다.

week 10에서는 선한 말 정직을 배운다.

당신은 흥하기를 원하는가?

그렇다면 정직하라.

week 10
정직한 자의 장막은 흥한다

정직은 선한 말이다.

내가 가장 선한 것을 말하리라. 내 입술을 열어 정직을 내리라(잠 8:6).
정직한 자의 입은 사람을 구원하느니라(잠 12:6).
하나님이 기뻐하시는 것, 그것이 정직이다(대상 29:17, 잠 15:8, 잠 12:22).

정직에 대한 오해

정직하면 어떻게 되는가?

악한 자의 집은 망하겠고 정직한 자의 장막은 흥하리라(잠 14:11).

그릇된 통념 가운데 하나가 "정직하면 손해 본다"다. 이것이 현대를 사는 우리들 속에 얼마나 강하게 각인되어 있는지 모른다. 심지어 교회에서도 "정직하면 손해 보지만 예수를 믿는 우리는 손해를 감수하고 정직하자"고 가르치기도 한다.

언젠가 순장들과 함께 성경공부를 하는 중에 이런 마음이 들었다. 마치 하나님이 내게 반문하시는 것 같았다.

"정직하면 손해 보느냐. 내가 언제 어디서 누구에게 정직하면 손해 본다고 가르쳤느냐. 성경 어디에 정직하면 손해 본다고 쓰여 있느냐. 분명하게 선포한다. 거짓은 반드시 손해 본다. 정직하면 손해 보지 않는다. 성경을 보라. 역사를 보라. 나는 분명하게 선포한다. **악한** 자의 집은 망하겠고 **정직한 자의 장막은 흥하리라**(잠 14:11). 어찌하여 진리가 아닌 것을 너희가 진리처럼 생각하느냐."

거짓말을 하는 사람이 잠시 잠깐 잘되는 것처럼 보일 수 있다. 당장 거짓말을 해서 500만 원의 이익을 취한 사람과 정직하게 해서 그 이익을 얻지 못한 사람이 있다고 하자. 이럴 때 그 현장만 본 사람은 거짓말을 한 사람은 500만 원의 이익을 얻었고, 정직한 사람은 그것을 얻지 못했으니 손해를 보았다고 생각한다.

그러나 이 두 사람을 1년만 관찰해 보라. 조금 길게 10년만 관찰해 보라. 당신은 큰소리로 외칠 것이다. "거짓말하면 손해 본다. 거짓말을 하면 반드시 망한다. 정직한 자가 형통한다. 정직하면 성공한다. 정직하면 흥한다." 생각하여 보라. 정직한 자의 끊어짐이 어디 있는가.

정직한 자의 형통

성경은 정직한 자가 잘되고 형통한다고 증거하고 있다. 이미 앞에서 함께 살펴본 대로 하나님은 "정직한 자의 장막은 흥하리라"고 선포하셨다. 하나님께서는 정직한 자에게 약속하시기를 그는 높은 곳에 거하리니 견고한 바위가 그의 요새가 되며 그의 양식은 공급되고 그의 물은 끊어지지 아니하리라(사 33:16)고 하셨다. 게으른 자의 길은 가시 울타리 같으나 정직한 자의 길은 대로(잠 15:19)라고 선언하시고 있다. 정직한 자들에게는 흑암 중에 빛이 일어난다(시 112:4).

그렇다. 정직하면 잘된다. 흥한다. 승리한다. 형통한다. 정직하면 성공한다. 정직하면 성공하는 근거가 성경에 나타나 있다.

정직한 자의 성실은 자기를 인도하거니와
사악한 자의 패역은 자기를 망하게 하느니라(잠 11:3).

정직한 자가 성공하는 것은 정직한 자는 성실하기 때문이다. 정직한 자는 거짓말을 하는 대신 그것을 행한다. 그것이 성실로 나타난다. 정직과 성실은 짝이다. 거짓말과 게으름이 짝인 것과 같은 이치다. 정직한 자는 성실하다. 성실한 자는 성공한다.

정직하게 행하는 자는 여호와를 경외하여도
패역하게 행하는 자는 여호와를 경멸하느니라(잠 14:2).
여호와를 경외하는 것이 지혜의 근본이요(잠 9:10).
지혜는 성공하기에 유익하니라(전 10:10).

정직한 자에게는 성공으로 안내하는 하나님의 말씀이 있다. 지혜가 있다.

여호와의 도가 정직한 자에게는 산성이요.
행악하는 자에게는 멸망이니라(잠 10:29).

정직한 자가 성공하는 것은 정직한 자 중에는 은혜가 있기 때문이다.

은혜란 한마디로 '이것이다' 라고 설명하기는 쉽지 않다. 어떤 일이 잘되면 사람들은 그 원인을 분석해 잘되는 이유를 찾는다. 나름대로 이유를 찾아내는 경우도 있지만 아무리 분석해도 그 이유를 알 수 없을 때도 있다.

우리나라가 세계경제 10위라는 사실이 그 대표적인 예이다. 아무리 분석을 해도 '이것이다' 라고 그 이유를 꼬집어내기 어렵다. 누군가 건강의 비결이 무엇이냐고 물어올 때 마땅한 대답을 찾지 못하는 경우도 있다. 사업이 잘되는데 비결이 뭐냐고 물으면 딱히 대답할 말이 없는 경우도 있다. 예수를 믿는 우리는 이때 "네, 주의 은혜입니다"라고 말한다. 이렇게 밖에 할 말이 없다. 이것이 은혜다. 손에 잡히지도 않고, 눈으로 볼 수도 없지만 우리 삶을 풍성하게 하고 기름지게 하는 것이 은혜다. 은혜는 하나님과 예수 그리스도로부터 온다. 은혜가 있어야 형통하다. 정직한 자 중에는 이 은혜가 있다.

> 미련한 자는 죄를 심상히 여겨도 정직한 자 중에는 은혜가 있느니라(잠 14:9).
>
> 여호와여 선한 자들과 마음이 정직한 자들에게 선대하소서(시 125:4).
>
> 공의는 행실이 정직한 자를 보호하고 악은 죄인을 패망하게 하느니라(잠 13:6).
>
> 그는 정직한 자를 위하여 완전한 지혜를 예비하시며
>
> 행실이 온전한 자에게 방패가 되시나니(잠 2:7).
>
> 의인의 길은 정직함이여
>
> 정직하신 주께서 의인의 첩경을 평탄하게 하시도다(사 26:7).
>
> 성읍은 정직한 자의 축복으로 인하여 진흥하고

악한 자의 입으로 말미암아 무너지느니라(잠 11:11).

주를 아는 자들에게 주의 인자하심을 계속 베푸시며

마음이 정직한 자에게 주의 공의를 베푸소서(시 36:10).

또 청결하고 정직하면 반드시 너를 돌보시고

네 의로운 처소를 평안하게 하실 것이라(욥 8:6).

여호와 하나님은 해요 방패이시라. 여호와께서 은혜와 영화를 주시며 정직하게 행하는 자에게 좋은 것을 아끼지 아니하실 것임이니이다(시 84:11).

대저 패역한 자는 여호와께서 미워하시나 정직한 자에게는

그의 교통하심이 있으며 악인의 집에는 여호와의 저주가 있거니와

의인의 집에는 복이 있느니라(잠 3:32-33).

여호와께서 보시기에 정직하고 선량한 일을 행하라. 그리하면 네가 복을 받고 그 땅에 들어가서 여호와께서 모든 대적을 네 앞에서 쫓아내시겠다고 네 조상들에게 맹세하신 아름다운 땅을 차지하리니 여호와의 말씀과 같으니라(신 6:18-19).

정직한 자가 성공하는 것은 하나님께서 그를 도와주시기 때문이다.

하나님은 정직한 자를 도와주신다. 하나님은 정직한 자에게

선을 행하시고 그에게 지혜를 주신다. 하나님은 정직한 자의 방패가 되시고 그가 가는 길을 평탄하게 하신다. 정직한 자의 축원을 하나님이 이루신다. 하나님께서 정직한 자에게 의를 주시고 그의 집을 형통하게 하신다. 하나님은 정직한 자에게 좋은 것을 아끼지 않고 주신다. 정직한 자는 하나님과 교통한다. 하나님은 정직한 자에게 복을 주신다.

내가 주를 바라오니 성실과 정직으로 나를 보호하소서(시 25:21).

정직한 자가 성공하는 것은 정직이 그를 보호하기 때문이다. 이 시편 기자의 고백을 풀어 설명하면 이렇다. "하나님 제가 주님께 도움을 구합니다. 저를 도와주세요. 하나님께서 저를 성실과 정직으로 보호해 주세요. 하나님께서 제게 성실과 정직을 주셔서 그것으로 보호받으며 살게 해 주세요."

성실과 정직이 우리를 보호한다. 혹시 어떤 이는 거짓으로 보호를 받으려는 어리석은 시도를 하기도 한다. 아니다. 거짓은 우리를 보호해 주지 못한다. 정직이 우리의 방패다. 안전한 방패다. 최선의 방패다.

정직의 결과

> 의인을 위하여 빛을 뿌리고
> 마음이 정직한 자를 위하여 기쁨을 뿌리시는도다(시 97:11).
> 너희 의인들아 여호와를 기뻐하며 즐거워할지어다.
> 마음이 정직한 너희들아 다 즐거이 외칠지어다(시 32:11).
> 정직한 자는 보고 기뻐하며 모든 사악한 자는 자기 입을 봉하리로다(시 107:42).
> 만일 네 입술이 정직을 말하면 내 속이 유쾌하리라(잠 23:16).
> 의로운 입술은 왕들이 기뻐하는 것이요.
> 정직하게 말하는 자는 그들의 사랑을 입느니라(잠 16:13).

정직하면 행복하다. 행복하기를 원하는 것은 모든 사람의 소원이다. 그 소원을 이루고 싶으면 정직하라. 정직하면 행복하다. 이것이 사실인지 말씀에서 확인해 보라.

여호와여 주의 장막에 머무를 자 누구오며 주의 성산에 사는 자 누구오니이까? 정직하게 행하며 공의를 실천하며 그의 마음에 진실을 말하며 그의 혀로 남을 허물하지 아니하고 그의 이웃에게 악을 행하지 아니하며 그의 이웃을 비방하지 아니하며 그의 눈은 망령된 자를 멸시하며 여호와를 두려워하는 자들을 존대하며 그의 마음에 서원한 것은 해로울지라도 변하지 아니하며 변이자를 받으려고 돈을 꾸어 주지 아니하며 뇌물을 받고 무죄한 자를 해하지 아니하는 자이니 이런 일을 행하는 자는 영원히 흔들리지 아니하리이다(시 15:1-5).

시편 기자는 묻는다. 주의 장막에 유할 자가 누구며 주의 성산에 유할 자가 누구오니이까? 이 질문에 대한 답이 시편 15편에 있다. 그 중에 하나가 '정직하게 행하며 공의를 일삼으며 마음에 진실을 말하는 자'다.

주의 장막과 주의 성산은 천국을 의미한다. 예수를 믿는 우리는 이 세상을 떠나면 천국에 간다. 죽은 다음에만 천국에 들어가는 것이 아니라 이 땅에서도 그 천국을 미리 경험하며 살 수 있다. 하나님의 말씀대로 하면 이 땅에서도 우리는 천국을 경험한다. 이 땅에서 미리 경험하는 천국을 사람들이 아는 말로 하면 행복이다.

누가 이 땅에서 천국을 미리 경험하며 살 것인가? 행복하게 살 자가 누구인가? 정직한 자다. 하나님께서 정직한 자에게 기쁨을 주신다. 정직한 자는 사람을 유쾌하게 한다. 정직한 자는 사람들에게 사랑을 받는다.

할렐루야, 여호와를 경외하며 그의 계명을 크게 즐거워하는 자는 복이 있도다. 그의 후손이 땅에서 강성함이여 정직한 자들의 후손에게 복이 있으리로다. 부와 재물이 그의 집에 있음이여 그의 공의가 영구히 서 있으리로다(시 112:1-3).
온전하게 행하는 자가 의인이라 그의 후손에게 복이 있느니라(잠 20:7).

이것은 하나님의 약속이다.

네가 만일 네 하나님 여호와의 말씀을 듣고 오늘 내가 네게 명하는 그 모든 명령을 지켜 네 하나님 여호와의 목전에서 정직하게 행하면 이같이 되리라(신 13:18).

정직한 자의 후손은 잘된다. 다윗은 정직한 자다.

이는 다윗이 헷 사람 우리아의 일 외에는 평생에 여호와 보시기에 정직하게 행하고 자기에게 명령하신 모든 일을 어기지 아니하였음이라(왕상 15:5).

솔로몬은 정직한 자 다윗의 아들이다.

솔로몬이 이르되 주의 종 내 아버지 다윗이 성실과 공의와 정직한 마음으로 주와 함께 주 앞에서 행하므로 주께서 그에게 큰 은혜를 베푸셨고 주께서 또 그를 위하여 이 큰 은혜를 항상 주사 오늘과 같이 그의 자리에 앉을 아들을 그에게 주셨나이다(왕상 3:6).

여호와께서 예후에게 이르시되 네가 나보기에 정직한 일을 행하되 잘 행하여 내 마음에 있는 대로 아합 집에 다 행하였은즉 네 자손이 이스라엘 왕위를 이어 사대를 지내리라 하시니라(왕하 10:30).

정직하면 후손이 잘된다. 자녀가 잘되는 것, 이것은 세계만국, 모든 민족, 모든 나라, 모든 사람들의 공통적인 소원일 것이다. 오늘 성경은 우리에게 자녀가 잘되는 길을 가르쳐 준다. 그것은 우리 자신이 정직자가 되는 것이다. 왜냐하면 정직자의 후대가 복이 있기 때문이다. 당신의 정직으로 인해 당신의 후손이 잘될 것이란 사실이 당신을 흥분시키지 않는가?

정직의 유효기간

진실한 입술은 영원히 보존되거니와

거짓 혀는 잠시 동안만 있을 뿐이니라(잠 12:19).

정직의 유효기간은 영원하고, 거짓의 유효기간은 눈 깜짝일 동안 뿐이다. 거짓은 금방 드러난다.

우리 함께 진실을 말하기 위해 기도하자. 시편 기자는 이렇게 기도했다.

여호와여, 거짓된 입술과 속이는 혀에서 내 생명을 건져 주소서(시 120:2).

잠언 기자는 평생의 소원 두 가지를 하나님께 구하고 있다. 그 중 하나는 다음과 같다.

내가 두 가지 일을 주께 구하였사오니
내가 죽기 전에 내게 거절하지 마시옵소서.
곧 헛된 것과 거짓말을 내게서 멀리 하옵시며(잠 30:7-8).

우리 함께 고백하자.

내가 가장 선한 것을 말하리라.
내 입술을 열어 정직을 내리라(잠 8:6).

STUDY GUIDE

1. 우리는 지금 하나님이 하라고 한 말, 선한 말을 공부하고 있다. 정직이 선한 말이다. 다음 성경 말씀으로 이를 확인하라(잠 8:6, 잠 12:6, 대상 29:17, 잠 15:8, 잠 12:22).

2. 정직하면 어떻게 되는가(잠 14:11)?

3. 정직하면 손해 보는가?

4. 정직하면 성공한다(사 33:15-16, 잠 15:19, 시 112:4). 정직하면 성공하는 이유를 다음 성경 말씀에서 찾아보라(잠 11:3, 잠 14:2, 잠 9:10, 전 10:10, 잠 10:29, 잠 14:9).

STUDY GUIDE

5. 정직한 자가 성공하는 이유를 다음 성경 말씀에서 찾아보라(시 125:4, 잠 13:6, 잠 2:7, 사 26:7, 잠 11:11, 시 36:10, 욥 8:6, 시 84:11, 잠 3:32-33, 신 6:18-19).

6. 정직한 자가 성공하는 것은 하나님께서 그를 도와주시기 때문이다. 하나님은 정직한 자를 도우신다. 하나님은 정직한 자에게 선을 행하시고 그에게 지혜를 주신다. 하나님은 정직한 자의 방패가 되시고 그가 가는 길을 평탄케 하신다. 하나님은 정직한 자에게 복을 주신다.

7. 정직한 자가 성공하는 이유는 정직이 그를 보호하기 때문이다(시 25:21). 혹시 어떤 이는 거짓으로 보호를 받으려는 어리석은 시도를 하기도 한다. 아니다. 거짓은 우리를 보호해 주지 못한다. 정직이 우리의 방패다. 안전한 방패다. 최선의 방패다.

STUDY GUIDE

8. 정직하면 어떻게 되는가? 다음 성경 말씀에서 찾아보라(시 32:11, 시 97:11, 시 107:42, 잠 23:16, 잠 16:13).

9. 정직하면 행복하다. 행복하기를 원하는 것은 모든 사람의 소원이다. 그 소원을 이루고 싶으면 정직하라. 정직하면 행복하다. 이것을 다음 성경 말씀을 통해 확인하라(시 15:1-5).

10. 자녀가 잘되는 것, 이것은 세계만국, 모든 민족, 모든 나라, 모든 사람들의 공통적인 소원일 것이다. 오늘 성경은 우리에게 자녀가 잘되는 길을 가르쳐 준다. 그것이 무엇인가(시 112:1-3, 잠 20:7, 신 13:18, 왕상 15:5, 왕상 3:6, 왕하 10:30)?

11. 정직의 유효기간은 얼마나 되는가(잠 12:19)?

STUDY GUIDE

12. 진실을 말하기 위해 우리가 할 수 있는 좋은 일이 있다. 그것이 무엇인가(시 120:2, 잠 30:7-8)?

13. 우리 함께 외치자. "내가 가장 선한 것을 말하리라. 내 입술을 열어 정직을 내리라."

14. week 10을 통해 하나님이 주신 은혜를 함께 나누라.

우리는 성경에서 말을 배우고 있다.

선한 말과 악한 말을 배우고 있다.

선한 말은 치료하는 힘이 있다. 살리는 힘이 있다.

성공하게 하는 힘이 있다. 행복하게 하는 힘이 있다.

week 11에서는 우리가 버려야 할 악한 말을 배운다.

당신은 성공하기를 원하는가?

그렇다면 거짓을 버리고 진실을 말하라.

week 11
성공하기 원하는 자여, 진실을 말하라

하얀 거짓말은 악의가 없는 거짓말, 빨간 거짓말은 전혀 사실이 아닌 거짓말, 까만 거짓말은 나쁜 목적을 가지고 하는 거짓말이라고 생각하는 경향이 있다. 거짓말을 과연 하얀 거짓말, 빨간 거짓말, 까만 거짓말로 나눌 수 있는가? 거짓말의 뿌리와 특징 몇 가지를 살펴보자.

거짓말의 뿌리

> 너희는 너희 아비 마귀에게서 났으니 너희 아비의 욕심대로 너희도 행하고자 하느니라. 그는 처음부터 살인한 자요. 진리가 그 속에 없으므로 진리에 서지 못하고 거짓을 말할 때마다 제 것으로 말하나니 이는 그가 거짓말쟁이요. 거짓의 아비가 되었음이라(요 8:44).

예수님께서 바리새인을 향해 말씀하시는 중에 거짓말과 관련된 중요한 사실을 우리에게 교훈하셨다. 거짓말을 하는 것은 거짓의 아비의 일을 행하는 것이라는 것이다.

위장을 잘하는 것이 사단의 특징이다. 사단은 드러내놓고 이리의 모습으로 다가오지 않는다. 사단은 항상 양의 탈을 쓰고 사람들에게 다가온다. 하얀 거짓말, 선의의 거짓말이란 것을 고안해낸 것도 사단이다. 그렇게 해야 좀 더 많은 사람들을 끌어들일 수 있기 때문이다. 거짓말은 거짓말이다. 하얀 거짓말도, 선의의 거짓말도 거짓말일 따름이다. 이것은 사람들이 거짓으로 좀 더 마음 편하게 들어가게끔 사단이 설치해 놓은 샛문, 옆문이다.

거짓말의 시효는 얼마나 될까?

> 진실한 입술은 영원히 보존되거니와
> 거짓 혀는 잠시 동안만 있을 뿐이니라(잠 12:19).

그래서 거짓말은 금방 드러난다. 거짓의 아비인 사단이 거짓말을 하게 하는 궁극적인 목적은 거짓말을 하게 하는 데 있는 것이 아니라 그것을 드러나게 하는 데 있다. 거짓이 드러나면 관계가 깨진다. 오늘도 사단은 거짓말이 영원히 드러나지 않을 것처럼 속여 우리로 하여금 거짓말을 하게 한 후, 그것을 드러내는 작업을 계속하고 있다.

하나님이 거짓말하는 사람을 만드셨을까?

전도서 기자는 하나님은 사람을 정직하게 지으셨으나 사람이 많은 꾀들을 낸 것이라고 증언하고 있다(전 7:29). 하나님께서 사람을 지으실 때는 정직하게 지으셨다. 그런데 그 사람이 꾀를 내서 거짓말을 하게 된 것이다. 인생에서 진실은 최선이며 최고다. 하나님이 그렇게 만드셨다. 사람들은 자신의 이미지를 좋게 하려고 거짓말을 한다. 망신 당하지 않기 위해 거짓말을 한다. 거짓말을 하는 것이 훨씬 자신의 이미지를 좋게 할 것으로 생각한다. 그러나 결과는 반대로 나타난다. 이것이 사람이 짜낸 꾀의 한계다.

거짓말을 하는 이유

진실이 드러나는 것을 막기 위해서 거짓말을 한다. 예수님이 십자가에 못 박혀 죽으시고 사흘 만에 살아나셨다. 이 사실은 기쁜 소식, 복음 중에 복음이다. 그러나 예수님을 십자가에 못 박았던 대제사장들과 장로들에게 이것은 고통스러운 일이었다. 그래서 그들은 모여 의논하기를 이 진실을 은폐하자고 했다. 그리고 그들은 거짓말을 지어냈다. 그들은 무덤을 지키던 군병들에게 돈을 많이 주며 그들이 지어낸 거짓말을 전해 주었다.

> 너희는 말하기를 그의 제자들이 밤에 와서 우리가 잘 때에 그를 도둑질하여 갔다 하라(마 28:13).

두려움 때문에 거짓말을 한다. 아브람이 거짓말을 한 사건이 창세기 12장에 나타난다. 가나안 땅에 기근이 있을 때에 아브람은 애굽으로 내려갔다. 애굽에 이르러 그에게 두려움이 찾아왔다. 그 아내 사래가 아리따운 여인이기 때문에 애굽 사람들이 그 아내를 빼앗기 위해 자신을 죽일지 모른다는 두려움이 찾아왔다. 그래서 그는 아내를 누이라고 거짓말을 했다.

> 내가 알기에 그대는 아리따운 여인이라. 애굽 사람이 그대를 볼 때에 이르기를 이는 그의 아내라 하여 나는 죽이고 그대는 살리리니 원하건대 그대는 나의 누이라 하라. 그러면 내가 그대로 말미암아 안전하고 내 목숨이 그대로 말미암아 보존되리리 하니라 (창 12:11-13).

사람에게 탐심이 생기면 그 탐심을 채우기 위해 거짓을 말하게 된다. 부정한 계량기를 사용하는 이들도 거짓말하는 이들이다. 탐심이 그들을 그렇게 만들었다. 탐욕 때문에 거짓말을 했던 사람을 성경에서 만나 보자. 그의 이름은 게하시다.

엘리사를 통해 나병을 고침받은 나아만 장군이 엘리사에게 많은 사례를 하려고 했다. 그러나 엘리사는 이것을 거절하고 돌려보냈다. 이것을 보고 있던 엘리사의 종 게하시에게 탐욕이 생겼다. 이 탐욕은 거짓말로 연결되었다.

게하시는 나아만을 쫓아가 거짓을 말했다. 우리 주인께서 나를 보내시며 말씀하시기를 지금 선지자의 제자 중에 두 청년이 에브라임 산지에서부터 내게로 왔으니 청하건대 당신은 그들에게 은 한 달란트와 옷 두 벌을 주라 하시더이다(왕하 5:22). 탐욕은 사람으로 거짓을 말하게 한다.

좋은 목적을 위해 거짓말을 하는 경우도 있다. 목적이 좋으면 그것을 이루는 방법도 좋아야 한다. 좋은 목적을 좋은 방법으로. 이것이 기독교의 기본정신이다. 선한 목적을 위해 악한 방법을 사용해서는 안 된다. 목적이 좋으면 그 수단은 안 좋아도 된다는 생각은 위험하다.

리브가는 야곱의 어머니이다. 이 두 사람은 복을 받아야겠다는 좋은 목적을 정했다. 그러나 그것을 이루려고 사용한 방법은 악한 방법이었다. 거짓이 그 수단이 되었다.

사람들은 다른 사람에게 잘 보이기 위해 거짓말을 한다. 그 결과는 어떠한지 살펴보자.

그들이 이웃에게 각기 거짓을 말함이여

아첨하는 입술과 두 마음으로 말하는도다(시 12:2).

거짓말 하는 자는 자기가 해한 자를 미워하고

아첨하는 입은 패망을 일으키느니라(잠 26:28).

다른 사람에게 잘 보이기 위해 하는 말이 아부요, 아첨이다. 성경을 보면 아첨과 거짓말이 한 묶음으로 표현되는 경우가 있다. 아첨은 거짓말로 분류된다. 아첨의 결과는 거짓의 결과와 동일하다.

거짓말의 결과

망령되이 얻은 재물은 줄어가고 손으로 모은 것은 늘어가느니라 (잠 13:11).

여기서 망령되이 얻은 재물은 거짓과 불의한 방법으로 얻은 재물을 가리킨다. 거짓말을 통해 얻은 재물은 줄어간다. 이것이 진리인 성경의 가르침이다. 거짓말을 통해 이익을 얻을 것으로 생각한다. 그래서 거짓말을 하면서 눈 앞의 이익을 취한다. 그러나 성경을 보아도 세상 역사를 보아도 거짓말을 통해 이익을 본 경우는 없다. 잠시 잠깐 이익을 보는 것 같지만 결국에는 손해를 입는다.

거짓말하는 자의 입은 막히리로다(시 63:11).

거짓말을 하면 신용을 잃는다. 거짓말을 하는 사람은 나중에 어떤 말도 할 수가 없게 된다. 물론 입으로 말이야 하겠지만 그것은 말이 아니다. 누구도 들어주지 않고 믿어주지 않는 말은 더 이상 말이 아니다. 거짓말을 즐겨하는 자의 비극은 그가 진실을 말해도 사람들이 그것을 거짓이라고 여기는 것이다.

거짓말을 뱉는 자는 망할 것이니라(잠 19:9).
망령되이 얻은 재물은 줄어가고 손으로 모은 것은 늘어가느니라 (잠 13:11).

거짓말을 하면 망한다. 이것은 하나님의 선언이다. 성경은 거짓말의 끝에 패망이 있다고 가르쳐 준다. 거짓말로 얻은 재물은 줄어간다. 거짓은 망하는 길이다.

속임을 당하지 아니하는 자여, 화 있을진저 네가 학대하기를 그치면 네가 학대를 당할 것이며 네가 속이기를 그치면 사람이 너를 속이리라(사 33:1).

거짓말을 하면 다른 사람에게 속임을 당한다. 내가 다른 사람을 속이면 내가 다른 사람에게 속임을 당한다. 이것은 심은 대로 거두는 하나님의 원리이다. 또한 이것은 하나님이 직접 하신 말씀이다.

성경에서 다른 사람을 속였다가 자신이 속임을 당한 사람 야곱을 보자. 아버지를 속였던 야곱이 외삼촌 집에서 보낸 20년의 종살이를 청산하고 고향으로 돌아오는 길에서 외삼촌에게 한 말을 들어보자.

내가 이와 같이 낮에는 더위와 밤에는 추위를 무릅쓰고 눈 붙일 겨를도 없이 지냈나이다. 내가 외삼촌의 집에 있는 이 이십 년 동안 외삼촌의 두 딸을 위하여 십사 년, 외삼촌의 양 떼를 위하여 육 년을 외삼촌에게 봉사하였거니와 외삼촌께서 내 품삯을 열 번이나 바꾸셨으며(창 31:40-41).

속이는 말로 재물을 모으는 것은 죽음을 구하는 것이라(잠 21:6).

거짓말은 죽음을 구하는 것이다. 거짓말의 결과가 죽음으로 나타날 수도 있다. 성경에서 거짓말을 하고 죽은 사람을 살펴보자. 자기가 사울왕을 죽였다고 다윗 앞에서 거짓말을 한 아말렉인이 있었다.

사무엘상 31장을 보면 사울왕은 적의 화살에 맞아 중상을 입은 후에 병기 든 자에게 죽여 줄 것을 청한다. 병기 든 자가 두려워하여 그 일을 하지 못하자 자신이 자기 칼을 취하고 그 위에 엎드러져 죽는다. 병기든 자가 사울의 죽음을 보고 자기도 자기 칼 위에 엎드러져 그와 함께 죽었다. 그런데 다윗 앞에 나아온 아말렉인은 사울을 자신이 죽였다고 그의 유품을 내어 놓으며 거짓말을 했다(삼하 1장).

그는 아마 지나가던 중에 사울이 죽어 있는 것을 보았을 것이다. 사울과 다윗의 사이가 좋지 않다는 것을 알고 있던 이 아말렉인은 다윗에게 상 받을 것을 기대하고 유품을 챙겨 가지고 와서 이렇게 말했던 것이다. 그러나 그 결과는 정반대였다. 다윗은 그 아말렉인을 향하여 네가 어찌하여 손을 들어 여호와의 기름부음 받은 자 죽이기를 두려워하지 아니하였느냐(삼하 1:14)?고 책망한 후에 부하에게 명하여 저를 죽이라고 했다. 이 아말렉인의 거짓말은 그를 죽음에 이르게 했다.

용납되는 거짓말

거짓말이 용납되는 경우가 있는가?

이것은 계명의 우선순위 속에서 살펴보아야 한다. 하나님이 우리에게 주신 계명은 십계명에 잘 나타나 있다. 예수로 말미암아 구원 받은 사람들은 그 계명을 지킨다. 그것을 지킴으로 구원 받는 것은 아니다. 그 계명대로 살면 이 땅에서 천국을 경험한다. 열 가지 계명이 하나씩 우리에게 찾아올 때 우리는 그것에 순종하면 된다.

그러나 이러한 경우가 있을 수 있다. 어떤 상황에서 두 가지 계명이 동시에 찾아온다. 이 두 가지 계명을 동시에 다 지킬 수는 없다. 그 중에 하나를 지키면 다른 하나는 어길 수밖에 없는 상황이다. 이런 경우 어떻게 해야 하는가? 이럴 때 우리는 그 계명 중에서 무엇이 더 우선인가를 판단한 후 그 판단을 따라야 한다.

기생 라합의 경우를 보자. 여호수아는 여리고 성을 점령하기 전에 먼저 정탐꾼 두 사람을 여리고로 보냈다. 그들은 기생 라합의 집에 유숙했다. 그런데 이 사실이 여리고 왕에게 전달되었다. 여리고 왕이 라합에게 기별하여 네게로 와서 네 집에 들어간 사람들을 끌어내라고 했다. 라합은 이렇게 말했다.

과연 그 사람들이 내게로 왔었으나 그들이 어디에서 왔는지 나는 알지 못하였고 그 사람들이 어두워 성문을 닫을 때쯤 되어 나갔으니 어디로 갔는지 내가 알지 못하나 급히 따라가라. 그리하면 그들을 따라잡으리라(수 2:4-5).

그러나 사실 라합은 이미 그들을 지붕에 벌여 놓은 삼대에 숨겨 놓았다. 라합이 여기서 한 말은 분명 거짓말이다. 또 하나의 경우를 사무엘하 17장에서 찾아보자.

다윗이 그 아들 압살롬의 쿠데타를 피해 피난 가 있을 때 일이다. 다윗은 그의 친구 후새를 압살롬 진영에 위장 전향시켰다. 후새는 압살롬이 군대를 동원하여 다윗을 공격한다는 정보를 입수하여 다윗을 지지하던 제사장 사독과 아비아달에게 전달하였다. 정보를 입수한 제사장들은 이 소식을 성 밖에 숨어 대기하고 있던 그들의 아들들 편에 다윗에게 전하려고 하였다.

여종을 통해 이것을 아들들에게 전달하는 과정에서 이 사실이 압살롬에게 알려졌다. 사독과 아비아달의 아들들은 생명의 위협을 느끼고 바후림에 있는 어떤 사람 집으로 피하여 뜰에 있는 우물에 들어가 숨었다. 그 집 여인이 덮을 것을 가지고

와 그 아구를 덮고 찧은 곡식을 그 위에 널어 놓았다. 압살롬의 종들이 그 집에 와서 여인에게 이들이 어디 있느냐고 물었다. 여인은 이렇게 말했다. "그들이 시내를 건너갔다." 압살롬의 종들이 이 여인이 일러준 곳으로 달려가 이들을 찾았으나 만나지 못하고 예루살렘으로 돌아갔다. 저희가 돌아간 후에 두 사람이 우물에서 나와 다윗왕에게 가서 압살롬 진영의 공격 정보를 전하여 주었다. 이 소식을 듣고 다윗과 그를 따르는 많은 사람들이 서둘러 피신함으로 몰살당할 뻔한 위기를 모면할 수 있었다.

바후림에서 만난 이 여인의 말 역시 라합의 경우와 같이 거짓말이다. 그러나 이 거짓말은 용납될 수 있는 거짓말이다. 이것이 선의의 거짓말이기 때문이 아니다. 라합과 바후림의 이 여인은 거짓말하지 말라는 계명과 살인하지 말라는 계명 중에서 살인하지 말라는 계명에 우선순위를 둔 것이다. 이 여인들이 사실을 말하면 사람이 죽고, 거짓을 말하면 사람이 산다.

만약 당신에게 이런 상황이 주어진다면 거짓말을 하는 길을 택하라. 이러한 경우에 한 거짓말은 용납될 수 있다. 그러나 이것은 사람이 살고 죽는 일과 관련된 경우로 국한하여야 한다. 이러한 경우는 우리가 인생을 살면서 한 번이나 경험할까

말까한 특별한 경우다. 이것을 선의의 거짓말은 해도 된다는 것으로 확대 적용해서는 안 된다.

거짓말하는 자와의 관계

> 환난 날에 진실치 못한 자를 의뢰하는 것은 부러진 이와 위골된 발 같으니라(잠 25:19).

거짓말하는 자를 믿지 말라. 성경은 거짓말하는 자의 말을 의뢰하지 말고 믿지 말라고 한다. 습관적으로 거짓말을 하는 사람의 약속을 믿고 어떤 일을 추진했다가는 낭패를 본다는 말이다. 성경은 모든 사람을 다 믿지는 말라고 교훈한다.

> 너희는 각기 이웃을 조심하며 어떤 형제든지 믿지 말라. 형제마다 완전히 속이며 이웃마다 다니며 비방함이라. 그들은 각기 이웃을 속이며 진실을 말하지 아니하며 그들의 혀로 거짓말하기를 가르치며(렘 9:4-5).

거짓말하는 사람을 멀리하라. 다윗은 거짓 행하는 자가 자기 집안에 거하지 못하게 했고, 거짓말하는 자가 그 앞에 서지

못하게 했다. 친구를 사귈 때도, 직원을 채용할 때도, 배우자를 찾을 때도, 동업자를 선정할 때도, 지도자를 뽑을 때도, 집권자를 세울 때도 이 원리는 적용된다. 거짓말하는 자는 멀리해야 한다. 사람의 연약함은 용납해 주어야 한다. 그러나 거짓을 용납해서는 안 된다. 거짓은 관계를 파괴한다. 그 어떠한 관계도 거짓이 들어오면 깨어진다.

STUDY GUIDE

1. 이 과에서는 우리가 버려야 할 악한 말을 배운다. 거짓말을 과연 하얀 거짓말, 빨간 거짓말, 까만 거짓말로 나눌 수 있는가?

2. 거짓말의 뿌리는 무엇인가(요 8:44)?

3. 거짓말의 시효는 얼마나 되는가(잠 12:19)?

4. 거짓말은 금방 드러난다. 그 이유는 무엇인가?

5. 왜 거짓말을 하는가? 그 이유를 다음 성경 말씀에서 찾아보라 (마 28:13, 창 12:11-13).

STUDY GUIDE

6. 탐욕은 사람으로 하여금 거짓말을 하게 한다. 이것을 게하시의 거짓말을 통해 확인하라(왕하 5:22).

7. 좋은 목적을 위해 거짓말을 하는 경우도 있다. 야곱의 어머니 리브가의 거짓말이 이 경우에 해당한다. 아들을 복 받게 하겠다는 좋은 목적을 위해 사용한 방법은 악한 거짓이었다. 당신은 좋은 목적을 위해 거짓말을 수단으로 사용하는 것에 대해 어떻게 생각하는가?

8. 사람들은 다른 사람에게 잘 보이기 위해 거짓말을 한다. 그 결과는 어떻게 나타나는가(시 12:2, 잠 26:28)?

9. 아부와 칭찬은 어떻게 다른가?

STUDY GUIDE

10. 거짓말을 하면 어떻게 되는가(잠 13:11, 시 63:11, 사 33:1, 잠 21:6)?

11. 거짓말을 하면 망한다. 이것은 하나님의 선언이다. 성경은 거짓말의 끝에 패망이 있다고 가르쳐 준다. 거짓말로 얻은 재물은 줄어간다. 거짓은 망하는 길이다. 당신은 이 사실을 믿는가(잠 19:9, 잠 13:11)?

12. 거짓말이 용납되는 경우가 있는가? 선의의 거짓말은 해도 되는가? 당신은 어떻게 생각하는가(수 2:4-5, 삼하 17장)?

13. 거짓말을 하든지 살인을 하든지 둘 중에 하나를 해야 하는 상황을 맞이한다면 당신은 어떻게 하겠는가?

STUDY GUIDE

14. 거짓말하는 자와 어떤 관계를 맺어야 하는가(잠 25:19, 렘 9:4-5)?

15. week 11을 통해 하나님이 주신 은혜를 함께 나누라.

다른 사람에 대해 어떻게 말할 것인가?
여기에도 악한 말이 있고, 선한 말이 있다.
하나님이 하지 말라고 한 말이 있고
하나님이 하라고 한 말이 있다.
week 12에서는 다른 사람에 대해,
다른 사람을 향해 하나님이 당신에게 하지 말라고 한
악한 말이 어떤 것인지를 공부한다.
당신은 행복하기 원하는가?
그렇다면 남의 말을 좋게 하라.

week 12
행복하기 원하는 자여, 남의 말을 좋게 하라

사람은 만나면 대화를 한다. 대화에는 화제가 있다. 많은 경우 남의 말이 화제가 된다.

남의 말 하기를 좋아하는 자의 말은
별식과 같아서 뱃속 깊은 데로 내려가느니라(잠 26:22).

남에 대해 말하는 자체를 하나님이 금하고 있지는 않다. 남의 말을 나쁘게 하는 것을 하나님은 금하고 있다. 남의 흉을 보지 말라는 말이다. 이것이 악한 말이다. 성경은 남의 말을 좋게 하라고 가르친다. 이것이 선한 말이다. 당신 앞에서 남의 말을 좋게 하는 사람은 다른 사람 앞에서 당신 말을 좋게 한다.

하나님은 당신에게 말쟁이가 되지 말라고 하신다. 여기 저기 다니면서 말을 옮기는 사람이 되지 말라는 것이다. 두루다니며 남의 허물을 말하지 말라는 것이다. 말쟁이가 있는 곳에는 다툼이 쉬지를 않는다. 하나님이 왜 우리에게 말쟁이가 되지 말라고 하시는가?

나무가 다하면 불이 꺼지고 말쟁이가 없어지면 다툼이 쉬느니라 (잠 26:20).

허물을 덮어 주는 자는 사랑을 구하는 자요,

그것을 거듭 말하는 자는 친한 벗을 이간하는 자니라(잠 17:9).

여호와께서 미워하시는 것 곧 그의 마음에 싫어하시는 것이 예닐곱 가지이니

형제 사이를 이간하는 자이니라(잠 6:16, 19).

말의 전달 과정

우리는 다른 사람이 하는 '남의 말'을 어느 정도 신뢰하는가? 말은 전해지는 과정에서 전달하는 사람의 마음에 따라 더해지기도 하고 빼지기도 하기 마련이다. 하나님이 아담에게 말한 것을 아담이 하와에게 전해 주었다. 한 번 건너갔다. 그런데 그 짧은 한마디가 한 번 전달되면서 어떻게 바뀌었는지를 주목해서 살펴보자.

하나님이 아담에게 하신 말씀

여호와 하나님이 그 사람에게 명하여 이르시되 동산 각종 나무의 열매는 네가 임의로 먹되 선악을 알게 하는 나무의 열매는 먹지 말라. 네가 먹는 날에는 반드시 죽으리라 하시니라(창 2:16-17).

여자가 뱀에게 한 말

그런데 뱀은 여호와 하나님이 지으신 들짐승 중에 가장 간교하니라. 뱀이 여자에게 물어 이르되 하나님이 참으로 너희에게 동산 모든 나무의 열매를 먹지 말라 하시더냐? 여자가 뱀에게 말하되 동산 나무의 열매를 우리가 먹을 수 있으나 동산 중앙에 있는 나무의 열매는 하나님의 말씀에 너희는 먹지도 말고 만지지도 말라. 너희가 죽을까 하노라 하셨느니라(창 3:1-3).

"먹지 말라"가 "먹지도 만지지도 말라"로 한 가지 명령이 더 추가되었다. "정녕 죽으리라"는 "죽을까 하노라"로 약화되었다. 그렇다. 말은 한 번 전해질 때마다 전하는 사람의 마음에 따라 더해지기도 하고 빼지기도 한다.

언어생활세미나를 인도할 때면 참가자들을 열 명 정도씩 나누어 한 줄로 앉게 한 후에 말 전달 실험을 한다. 앞사람에게 듣고 뒷사람에게 전해주고 그것을 메모하게 한다. 나중에 그 적은 것을 발표하게 한다. 그때마다 폭소가 터진다. 처음 사람에게 보여 주었던 내용이 열 사람을 통과한 후에는 거의 다른 말이 되어 있는 것을 본다. 다함께 웃고 나면 그 메모장을 잘 보관하라고 한다. 누군가 찾아와 내게 해주는 '남의 말'을 신뢰하고 그 말에 따라 반응을 보이고 싶은 마음이 들면 그때 그것을 꺼내 보라고 한다. 방금 전에 듣고 그 자리에서 돌아서서 해준 말도 이렇게 틀린데 며칠 전에 들은 말을 과연 사람이 제대로 다 옮길 수 있을까?

하나님의 사람들은 다른 사람이 남의 허물을 말하도록 유도하지도 말아야 하고 남의 허물을 말하는 것을 그대로 방치하지도 말아야 한다.

당신을 찾아와 어떤 사람이 남의 허물을 말하려고 할 때 그는 반드시 탐색을 먼저 한다. 당신이 그 '남'에 대해 어떻게 생각하는지를 확인한다. "아무개가 요즘 좀 변한 것 같기도 하고……" 하며 말끝을 흐린다. 이때 그 '남'에 대해 인정하는 말을 하고 좋은 말을 하라. 그는 하려던 '남의 말'을 스스로 포기할 것이다.

다른 사람이 자신에 대해 어떻게 말하는지 그것이 궁금한가? 혹시 그래서 이 사람 저 사람을 붙잡고 다른 사람이 당신에 대해 어떻게 말하고 있는지 묻고 있지는 않은가? 성경은 다른 사람이 당신에 대해 하는 말을 들으려 애쓰지 말라고 가르쳐 준다. 전도서 말씀을 보자.

또한 사람들이 하는 모든 말에 네 마음을 두지 말라. 그리하면 네 종이 너를 저주하는 것을 듣지 아니하리라. 너도 가끔 사람을 저주하였다는 것을 네 마음도 알고 있느니라(전 7:21-22).

우리는 다른 사람이 자신에 대해서 한 말에 대해 관심이 많다. 그래서 슬그머니 떠보기도 하고 물어보기도 한다. 그런데 성경은 그것을 들으려고 하지 말라고 한다. 그러다가 너 욕하는 소리를 들으면 무엇이 좋겠느냐는 것이다. 그러면서 덧붙이기를 너도 가끔 사람을 저주한 것을 네 마음이 알지 않느냐고 한다. 이 말에 뜨끔하지 않을 사람이 얼마나 될까.

나는 이 말씀을 통해 참 많은 행복을 누리고 산다. 교회에서나 어디서나 다른 사람이 내게 대해서 하는 말을 들으려고 애쓰지 않는다. 무기명으로 내게 하고 싶은 말 있으면 하라는 얘기도 안한다. 그러다 "그걸 목회라고 하고 있는 거냐. 어서 썩 교회를 떠나라"는 소리를 들으면 어떻게 하겠는가. 그렇다고 그 한마디에 교회를 사임할 수도 없지 않는가. 그런 말이 쉽게 마음에서 지워지는 것도 아니다.

나는 남이 하는 내 말을 애써 들으려는 우를 범치 않으려고 한다. 동역자들에게도 부탁한다. 누가 나를 욕하거든 그냥 들고 말라고 한다. 나한테 와서 얘기하지 말라고 한다. 들어서 무슨 유익이 있겠는가. 그렇다고 왜 욕을 하느냐고 따지겠는가, 야단을 치겠는가. 싸우겠는가, 얼굴을 안 보겠는가. 차라리 나를 욕하는 줄도 모르고 덥석 껴안고 사는 것이 행복 아닌가.

하나님이 다른 사람을 향해 금한 악한 말
비판과 비방

비판을 받지 아니하려거든 비판하지 말라. 너희의 비판하는 그 비판으로 너희가 비판을 받을 것이요. 너희가 헤아리는 그 헤아림으로 너희가 헤아림을 받을 것이니라. 어찌하여 형제의 눈속에 있는 티는 보고 네 눈속에 있는 들보는 깨닫지 못하느냐. 보라 내 눈속에 들보가 있는데 어찌하여 형제에게 말하기를 나로 네 눈속에 있는 티를 빼게 하라 하겠느냐. 외식하는 자여 먼저 네 눈속에서 들보를 빼어라. 그 후에야 밝히 보고 형제의 눈속에서 티를 빼리라(마 7:1-5).

너는 네 백성 중에 돌아다니며 사람을 비방하지 말며
네 이웃의 피를 흘려 이익을 도모하지 말라. 나는 여호와니라(레 19:16).
형제들아 서로 비방하지 말라. 형제를 비방하는 자나 형제를 판단하는 자는 곧 율법을 비방하고 율법을 판단하는 것이라.
네가 만일 율법을 판단하면 율법의 준행자가 아니요, 재판관이로다

말의 힘 257

(약 4:11).

그러므로 모든 악독과 모든 기만과 외식과 시기와 모든 비방하는 말을 버리고(벧전 2:1).

비판은 하나님이 금한 악한 말이다. 성경은 비판하지 말라고 분명하게 가르친다. 비판을 하면 비판을 받는다. 누구나 비판받아 본 경험이 있을 것이다. 그때 어떤 마음이었는가. 비판이 자신에게 어떤 영향을 미쳤는가?

비판하는 것을 사명처럼 여기고 사는 경우가 있다. 비판으로 사람을 바꾸고 세상을 바꿀 수 있다고 생각한다. 만약 그럴 수 있다면 왜 예수님이 비판을 하지 말라고 이렇게 분명하게 말씀하셨을까? 혹시 당신은 비판이 공동체를 건강하게 한다고 생각하는가?

거짓말에 대해 선의의 거짓말이란 말로 거짓말을 정당화하듯이 건전한 비판이란 말로 비판을 정당화하는 경향이 있다. 비판은 그저 비판일 뿐이고 비판은 비판을 낳을 뿐이다.

썩은 것을 썩었다고 말하고, 어둠을 어둠이라고 말하는 것이 우리의 사명이 아니다. 우리의 사명은 그 썩어진 가운데서 소금이 되는 것이고, 어둠 가운데 빛이 되는 것이다.

남에 대해 좋게 말하는 것을 칭찬, 존경, 격려, 위로, 축복이라고 한다. 반면 남에 대해 좋지 않게 말하는 것을 비난, 비판, 비방, 조롱, 멸시, 욕, 저주, 험담이라고 한다. 남에 대해 좋게 말하는 것을 성경은 선한 말이라고 하고 남에 대해 좋지 않게 말하는 것을 악한 말이라고 한다. 비판과 비방을 성경은 악한 말로 구분한다.

남에 대해 좋지 않게 말하는 사람들 중에는 없는 내용을 꾸며서 험담을 하는 경우가 있다. 악한 말이다. 또한 사실에 근거해서 한 말인데도 결과적으로는 남에 대해 좋지 않게 말을 한 것이 되는 경우도 있다. 어떤 사람이 한 일 그 자체를 말했을 뿐인데 이런 결과를 가져올 수 있다. 그 사람의 허물이나 잘못을 말하는 것이 여기에 해당한다. 이것도 악한 말이다.

우리는 전자를 악한 말이라고 하는데 동의하지만 후자를 악한 말이라고 하는 데는 선뜻 동의가 되지 않을 수 있다. 사실을 사실대로 말했는데 왜 그것이 악한 말이냐고 의아해 할 수 있다. 남에 대해 좋지 않게 말할 때 근거가 없으면 문제가 되고, 근거가 있으면 괜찮은 것이 아니다. 비록 그것이 사실이라 할지라도 남의 허물을 말하는 것을 하나님이 금하셨기 때문이다. 하나님은 성경을 통해 우리에게 근거가 있느냐 없느냐를

말의 힘 259

구분하지 않고 비판하지 말라, 비방하지 말라, 험담하지 말라고 명하셨다. 그러면 남의 잘못을 방치하라는 말인가. 비판하는 사람들 가운데 상당수가 잘못을 바로잡기 위해 비판한다고 생각하기 때문에 이런 반문이 생길 수 있다.

다른 사람의 잘못에 대해, 다른 사람의 허물에 대해 우리는 어떻게 해야 하는가. 성경을 통해 그 답을 찾아보면 답은 둘이다. 하나는 나서서 바로 잡으라는 것이고 또 하나는 덮어주라는 것이다. 하나님은 어떤 경우에는 교훈과 책망을 통해 바로잡으라고 하시고 어떤 경우에는 허물을 덮어주라고 하셨다. 우리는 이 둘을 잘 조화시켜 적용해야 한다.

우리가 나서서 잘못을 바로 잡아주어야 할 사람을 하나님은 지정해 주셨다. 우리가 바로 잡아야 할 사람들은 하나님이 내게 교훈하고 책망하라고 맡겨준 사람들이다. 예를 들면 부모에게는 자녀들, 교사에게는 맡겨진 학생들, 지도자에게는 그의 지도를 받는 이들, 목사에게는 그 교회 성도들, 부서장이라면 그가 관할하는 부서원들, 공적 권력을 부여받은 사람에게는 그 관할 아래 있는 기관이나 사람들이 여기에 해당한다. 부모와 교사와 목사의 경우는 전인적인 것에 대해 바로 잡아주어야 하지만 부서장의 경우는 업무와 관련된 경우로 한정될 수 있다.

자신의 관할 아래 있는 사람의 잘못은 교훈하고 책망해야 한다. 그래도 안 되면 징계를 해서라도 바로 잡아 주어야 한다. 이것은 하나님의 명령이다. 하나님이 맡기신 일이다. 부지런히 교훈하고 책망하고 바로잡아야 한다. 물론 이 경우에도 용서와 용납은 기본이다.

그러나 자신의 관할 밖에 있는 남의 잘못에 대해서는 같은 잘못이지만 하나님의 처방이 다르다. 남의 허물에 대해서는 덮어주라고 하셨다. 그런데 이 경우에도 바로 잡으려고 나서는 사람들이 있다. 이때 사용하는 도구가 비판과 비방이다. 남에 대해 좋지 않게 말하는 사람들 중에는 그 '남'이 싫어서 그 '남'이 미워서 비판하고 비방하는 사람도 있지만 그것을 바로 잡기 위해 부지런히 비판하고 비방하는 사람도 있다. 이런 경우는 비판을 하면서도 잘못이라고 생각하기보다 오히려 이 비판이 상대를 위하는 것이라고 생각하니 안타까운 일이다.

자신의 관할 아래 있지 않는 사람들의 잘못을 바로 잡는 것을 사명으로 여기지 말아야 한다. 그 일은 하나님께서 내게 맡긴 일이 아니다. 그 일은 하나님이 직접 처리하시든지 아니면 사람을 세워 하실 것이다. 우리는 이것을 믿고 기도로 다른 사람의 잘못을 바로 잡는 것을 하나님께 맡겨야 한다. 하나님께 기도로 맡겨야 할 남의 잘못을 내가 나서서 바로잡겠다고 교훈하고 책망하면 그것이 남의 귀에는 비판과 비방으로 들린다. 비판과 비방으로 바꿀 수 없는 것이 사람이고 세상이다. 그래서 예수님은 제자들에게 기도를 가르쳐 주시고 비판하지 말라고 하셨다.

다른 사람이나 윗사람의 잘못과 세상에서 일어나는 부당하고 불의하고 불합리한 일들을 그냥 보고 있으면 안 된다. 바로 잡아야 한다. 바로 잡는 방법은 둘이다. 하나는 내가 직접 나서는 것이고 다른 하나는 하나님께 맡기는 것이다. 하나님이 내게 맡긴 일인데 바로 잡기 위해 나서지 않고 머뭇거려서는 안 된다. 하나님이 내게 맡기지 않은 일인데 바로 잡겠다고 나서도 안 된다. 이 둘을 잘 분별해서 대응하는 것이 지혜다.

이스라엘 지도자 모세가 구스 여자를 취했다. 구스 여자는 이방 여인이다. 이것을 두고 모세의 누나 미리암과 형 아론이 모세를 비방했다. 하나님이 나타나셔서 미리암과 아론에게 말씀하셨다. "너희가 어찌하여 내 종 모세 비방하기를 두려워 아니하느냐?" 이 일로 미리암의 몸에 나병이 들었다. 아론이 모세에게 용서를 구했다. "슬프다. 내 주여 우리가 우매한 일을 하여 죄를 얻었으나 청컨대 그 허물을 우리에게 돌리지 마소서." 모세가 미리암을 고쳐 달라고 하나님께 부르짖음으로 칠일 만에 미리암의 몸이 회복되었다.

비판이나 비방을 받고도 마음이 상하지 않고 오히려 그 덕분에 더 주님 앞으로 가는 길이 있을까?

비판하는 말을 들으면 대부분의 사람들은 마음이 상한다. 시편 기자는 비난받는 것이 자신의 뼈를 찌르는 것 같다고 했다. 말로 입은 상처는 돌에 맞은 상처보다 더 크다. 처음에는 마음을 상하게 한다. 그리고 이내 그 마음의 상함은 몸으로 옮겨간다.

그렇다면 비판이나 비방을 받고도 상처받지 않는 방법이 있을까?

고든 맥도날드는 자신이 저술한 『내면세계의 질서와 영적성장』이라는 책에서 네비게이토의 창설자인 도우슨 트로트맨이 그 자신에 대한 모든 비판을 잘 처리하는 방법을 체득하고 있음을 소개하고 있다. 도우슨 트로트맨은 아무리 공정하지 못한 비판이라 하더라도 항상 그것을 기도의 밀실로 가지고 가서 주님 앞에 사실대로 털어놓곤 했다고 한다. 그리고 나서

"주님, 이 비판 속에 감추어져 있는 진리의 정수를 알게 해주옵소서!"라고 기도했다고 한다.

고든 맥도날드는 도우슨 트로트맨의 비결을 배우게 된 것에 대해 감사하고 있다. 그는 이것을 배우지 않았더라면 비판을 받을 때마다 자신을 방어하기에 급급했을 셀 수도 없이 많은 잘못된 순간들로부터 자신을 구해 주었다고 고백하고 있다. 그는 이것을 통해 비판자들 속에서 성장하는 법을 배우기 시작했다고 고백했다.

당신 주변에 있는 사람들이 다 사려 깊은 것은 아니다. 늘 모든 사람이 상대를 배려하면서 말을 하는 것은 아니다. 그런 속에 당신은 살고 있다. 그렇다면 그런 사람들이 하는 말에 따라 당신이 병이 들어야 한다면 너무 억울한 일 아닌가. 악한 말과 날카로운 말을 당신의 귀에 대고 하는 것은 누구나 할 수 있다. 그러나 그것을 당신의 마음에 담을 것인지 말 것인지는 당신의 선택에 달려 있다.

욕

옛 사람에게 말한바 살인하지 말라. 누구든지 살인하면 심판을 받게 되리라 하였다는 것을 너희가 들었으나 나는 너희에게 이르노니 형제에게 노하는 자마다 심판을 받게 되고 형제를 대하여 라가라 하는 자는 공회에 잡히게 되고 미련한 놈이라 하는 자는 지옥 불에 들어가게 되리라(마 5:21-22).

욕은 하나님이 금한 악한 말이다. 예수님은 살인에 대해 설명하시면서 욕을 같은 관점에서 다루셨다. 욕은 문화도 아니고 예술도 아니고 유행도 아니다. 욕은 살인이다. 그러면서 당시에 사용되고 있던 욕 두 가지를 인용하셨다. 하나는 '라가'이고 또 하나는 '미련한 놈'이다.

'라가'라는 말은 성경을 기록한 원어를 음역한 것으로 '머리가 텅 빈 자'라는 의미다. 사람을 조롱하거나 멸시할 때 사용하는 말이다. 뒤에 나오는 '미련한 자'와 같은 말이다. 우리말로 굳이 번역한다면 바보, 멍청이, 미련둥이가 될 것이다. '미련한 놈'은 말 그대로다. 예수님께서는 욕을 엄히 금하셨다. 욕을 하면 지옥불에 들어가게 된다고 경고하셨다. 욕을 하면 지옥같은 인생을 살게 된다.

욕을 하면 속이 후련해질 것 같아서 한다. 그러나 욕을 한 후에 속이 후련해진 경험이 있는가? 그렇지 않다. 욕도 내성이 생긴다. 그래서 점점 더 센 욕을 하게 되는 것이다.

조롱하는 말

가난한 자를 조롱하는 자는 그를 지으신 주를 멸시하는 자요,
사람의 재앙을 기뻐하는 자는 형벌을 면하지 못할 자니라(잠 17:5).
교만한 자들이 나를 심히 조롱하였어도
나는 주의 법을 떠나지 아니하였나이다(시 119:51).

조롱하는 말이 악한 말이다. 사람을 조롱하는 것은 사람을 지으신 하나님을 조롱하는 것이다. 조롱하는 자는 교만한 자다. 어떤 말이 조롱하는 말인가?

욥이 재 가운데 앉아서 질그릇 조각을 가져다가 몸을 긁고 있더니 그의 아내가 그에게 이르되 당신이 그래도 자기의 온전함을 굳게 지키느냐. 하나님을 욕하고 죽으라(욥 2:8-9).
엘리사가 거기서 벧엘로 올라가더니 그가 길에서 올라갈 때에 작은 아이들이 성읍에서 나와 그를 조롱하여 이르되 대머리여 올라가라 대머리여 올라가라 하는지라(왕하 2:23).

조롱의 결과는 참담하다.

엘리사가 거기서 벧엘로 올라가더니 그가 길에서 올라갈 때에 작은 아이들이 성읍에서 나와 그를 조롱하여 이르되 대머리여 올라가라 대머리여 올라가라 하는지라. 엘리사가 뒤로 돌이켜 그들을 보고 여호와의 이름으로 저주하매 곧 수풀에서 암곰 둘이 나와서 아이들 중의 사십이 명을 찢었더라(왕하 2:23-24).

아비를 조롱하며 어미 순종하기를 싫어하는 자의 눈은 골짜기의 까마귀에게 쪼이고 독수리 새끼에게 먹히리라(잠 30:17).

STUDY GUIDE

1. 이 과에서는 다른 사람을 향해 하나님이 당신에게 하지 말라고 한 악한 말이 어떤 것인지 공부한다. 남의 말이 화제가 되는 경우가 많다. 그 이유는 무엇인가(잠 26:22)?

2. 남에 대해 말하는 자체를 하나님이 금하고 있지는 않다. 남의 말을 나쁘게 하는 것을 하나님은 금하고 있다. 남의 흉을 보지 말라는 말이다. 하나님이 왜 당신에게 말쟁이가 되지 말라고 하는가(잠 17:9, 잠 6:16, 19)?

3. 당신은 다른 사람이 하는 '남의 말'을 어느 정도 신뢰하는가? 사람에게 말 전달 능력이 어느 정도 있는지 하나님이 아담에게 하신 말씀과 여자가 뱀에게 한 말을 통해 살펴보라.

   하나님이 아담에게 하신 말씀(창 2:16-17)

   여자가 뱀에게 한 말(창 3:1-3)

STUDY GUIDE

4. 하나님의 사람들은 다른 사람이 남의 허물을 말하도록 유도하지도 말아야 하고 남의 허물을 말하는 것을 그대로 방치하지도 말아야 한다. 좋은 방법이 있다면 함께 나누라.

5. 당신은 다른 사람이 당신에 대해 어떻게 말하는지 궁금한가? 혹시 그래서 이 사람 저 사람을 붙잡고 다른 사람이 당신에 대해 어떻게 말하고 있는지 묻고 있지는 않는가? 성경은 이것에 대해 어떻게 가르쳐 주는가(전 7:21-22)?

6. 다음 성경 말씀에서 하나님이 당신에게 다른 사람을 향해 하지 말라고 금한 악한 말이 무엇인지 찾아보라(마 7:1-5, 레 19:16).

말의 힘 **269**

STUDY GUIDE

7. 비판이 하나님이 금한 악한 말이다. 성경은 비판하지 말라고 분명하게 가르친다. 왜 비판하지 말라고 하는가?

8. 다음 성경 말씀에서 어떤 말이 하나님이 당신에게 금한 악한 말인지 찾아보라(약 4:11, 벧전 2:1).

9. 비판이나 비방을 받고도 마음이 상하지 않고 오히려 그 덕분에 더 주님 앞으로 가는 길이 있는가? 비판이나 비방을 받고도 상처받지 않는 방법이 있는가?

10. 욕이 하나님이 금한 악한 말이다. 욕에 대한 예수님의 생각과 당신의 생각을 말해 보라.

STUDY GUIDE

11. 조롱하는 말이 악한 말이다. 사람을 조롱하는 것은 사람을 지으신 하나님을 조롱하는 것이다. 조롱하는 자는 교만한 자다. 어떤 말이 조롱하는 말인가(욥 2:8-9, 왕하 2:23)?

12. week 12를 통해 하나님이 주신 은혜를 함께 나누라.

악한 말은 하나님이 금하신 말이다.

악한 말은 파괴적인 말이다. 악한 말은 타락한 말이다.

악한 말은 악인의 말이다. 악한 말은 어리석은 자의 말이다.

당신은 행복하기 원하는가?

그렇다면 악한 말을 버리라.

당신은 치료받기 원하는가?

살기를 원하는가?

성공하기를 원하는가?

그렇다면 악한 말을 버리고 선한 말을 하라.

HEALIN
LIFE
HAPPIN
PROSP

week 13
좋은 날 보기를 원하는 자여, 선한 말을 하라

우리는 앞에서 말이 힘이 있다는 사실을 살펴보았다. 선한 말은 치료하고 살리고 흥하게 하고 행복을 가져다 주지만 악한 말은 반대의 결과를 낳는다.

악한 말의 파괴력

말의 창조적인 힘이 인간의 타락과 더불어 파괴적인 힘으로 바뀌었다. 예수 그리스도를 통해 우리는 말의 창조적인 힘을 회복했다. 그러나 안타깝게도 지금 이 땅에서 악한 말은 여전히 파괴적인 힘을 발휘하고 있다. 악한 말은 사람과 그가 속한 공동체를 병들게 하고, 사망에 이르게 하고, 망하게 하고, 불행하게 한다.

이러한 악한 말은 반드시 사람들 관계에 악영향을 미친다. 성경 어디를 펼쳐도 이것에 대한 예를 찾을 수 있다. 말은 대인관계에 절대적인 영향을 미친다.

하나님은 우리가 하나 되길 원하신다. 하나님의 뜻은 평화다. 그러나 사단은 우리가 분열되기를 원한다. 사단의 뜻은 불화다. 사단은 우리의 대인관계를 깨뜨리기 위해 오늘도 악한 말을 도구로 사용하고 있다. 우리를 사랑하시는 하나님은 우리의 하나 됨을 위해 오늘도 우리에게 선한 말을 하라고 말씀하신다.

하나님이 금한 악한 말

참소

북풍이 비를 일으킴 같이

참소하는 혀는 사람의 얼굴에 분을 일으키느니라(잠 25:23).

미움 감추는 자는 거짓된 입술을 가진 자요.

중상하는 자는 미련한 자니라(잠 10:18).

참소가 악한 말이다. 참소란 고자질이다. 참소하는 자는 미련한 자다. 참소는 북풍이 비를 일으키는 것과 같이 사람의 얼굴에 분을 일으킨다.

함부로 하는 말

칼로 찌름 같이 함부로 말하는 자가 있거니와

지혜로운 자의 혀는 양약과 같으니라(잠 12:18).

함부로 하는 말이 악한 말이다. 함부로 하는 말은 사람의 마음을 상하게 한다. 분별없이 경솔하게 하는 말은 사람에게 아품을 준다. 칼로 찌르는 것 같다.

여기 함부로 한 말이 준 상처가 얼마나 크고 또 얼마나 오랫동안 아픔을 주는지를 잘 보여 주는 좋은 예가 하나 있다. 게리 스몰리가 쓴 『축복하면서 사랑하면서』에서 인용한 예다.

"너처럼 못생기고 멍청한 아이가 이런 잘생긴 아이를 갖게 되다니!" 마크의 어머니는 손자를 안으며 씩 웃었다. 그녀의 말은 악의 없는 농담으로 생각될 수도 있다. 그러나 그 말이 떨어지자마자 마크는 눈물을 글썽거렸다. "그만둬요. 어머니에게서 그 말은 충분히 들었어요. 내가 멍청하고 못생기지 않았다고 믿기까지는 몇 년이 걸렸는지 몰라요. 내가 왜 이렇게 오래 집을 떠나 있었는지 어머니는 알아요? 나는 다시 멍청하다는 말을 듣고 싶지 않았어요."

사람들은 마크의 어머니처럼 무심코 농담 삼아 함부로 말을 하기도 한다. 그리스도인들은 농담 속에도 칭찬과 격려를 담아야 한다.

말다툼

너는 그들로 이 일을 기억하게 하여 말다툼을 하지 말라고 하나님 앞에서 엄히 명하라. 이는 유익이 하나도 없고 도리어 듣는 자들을 망하게 함이니라(딤후 2:14).

하나님은 말다툼을 하지 말라고 엄히 명하고 있다. 논쟁하지 말아야 한다. 논쟁이 말다툼으로 이어진다. 하나님은 우리가 논쟁으로 시간을 허비하는 것을 원치 않으신다.

자기자랑

들으라. 너희 중에 말하기를 오늘이나 내일이나 우리가 어떤 도시에 가서 거기서 일 년을 머물며 장사하여 이익을 보리라 하는 자들아. 내일 일을 너희가 알지 못하는도다. 너희 생명이 무엇이냐. 너희는 잠깐 보이다가 없어지는 안개니라. 너희가 도리어 말하기를 주의 뜻이면 우리가 살기도 하고 이것이나 저것을 하리라 할 것이거늘. 이제도 너희가 허탄한 자랑을 하니 그러한 자랑은 다 악한 것이라(약 4:13-16).

여호와께서 이와 같이 말씀하시되 지혜로운 자는 그의 지혜를 자랑하지 말라. 용사는 그의 용맹을 자랑하지 말라. 부자는 그의 부함을 자랑하지 말라(렘 9:23).

자랑하는 자는 주 안에서 자랑할지니라. 옳다 인정함을 받는 자는 자기를 칭찬하는 자가 아니요, 오직 주께서 칭찬하시는 자니라(고후 10:17-18).

자기 자랑이 악한 말이다. 성경은 하나님은 자랑하고 자신은 자랑하지 말라고 한다. 자랑이란 좋은 것을 말하는 것이다. 이것이 칭찬이다. 성경은 우리에게 칭찬하라고 가르쳐 준다. 하지만 자기 칭찬은 하지 말라고 한다. 자기 스스로 자신을 칭찬하는 것이 자랑이다.

자랑은 사랑이 아니다. 고린도전서 13장에서 사랑을 이렇게 설명하고 있다. **사랑은 자랑하지 아니하며.** 만약 우리가 누군가 앞에서 자랑을 하고 있다면 그것은 곧 내가 그를 사랑하지 않는다는 고백을 하고 있는 것이다.

자랑하는 혀는 끊어진다. 성경은 이렇게 말한다. **여호와께서 모든 아첨하는 입술과 자랑하는 혀를 끊으신다**(시 12:3). 문자적으로 자랑할 때마다 혀가 끊어진다면 혀 있는 사람이 몇이나 되겠는가. 이 말은 더 이상 자랑할 수 없도록 하신다는 말이다. 날씬한 몸매를 자랑하는 사람이 있다고 하자. 그가 배가 나오게 되면 더 이상 그 말을 할 수가 없어진다. 자랑하는 혀는 끊어진다. 이것을 마음에 담아두면 자랑을 많이 막아 준다.

더러운 말

음행과 온갖 더러운 것과 탐욕은 너희 중에서 그 이름조차도 부르지 말라. 이는 성도에게 마땅한 바니라. 누추함과 어리석은 말이나 희롱의 말이 마땅치 아니하니 오히려 감사하는 말을 하라(엡 5:3-4).

이제는 너희가 이 모든 것을 벗어 버리라. 곧 분함과 노여움과 악의와 비방과 너희 입의 부끄러운 말이라(골 3:8).

더러운 말이 하나님이 금한 악한 말이다. 더러운 말 중에 대표적인 것이 음담패설이다. 더러운 말이 몸에 미치는 영향을 찾아보자.

야고보는 혀는 곧 불이요 불의의 세계라 혀는 우리 지체 중에서 온 몸을 더럽히고 삶의 수레바퀴를 불사르나니 그 사르는 것이 지옥 불에서 나느니라(약 3:6)고 선포하고 있다.

예수님께서는 사람의 입에 들어가는 것이 사람을 더럽게 하는 것이 아니라 입에서 나오는 그것이 사람을 더럽게 하는 것(마 15:11)이라고 가르쳐 주신다.

교만한 말

심히 교만한 말을 다시 하지 말 것이며 오만한 말을 너희의 입에서 내지 말지어다. 여호와는 지식의 하나님이시라 행동을 달아보시느니라(삼상 2:3).

너희 뿔을 높이 들지 말며 교만한 목으로 말하지 말지어다(시 75:5).

교만한 말이 악한 말이다. 어떤 말이 교만한 말인가? 교만한 말을 하면 어떻게 되는가? 다음 성경 말씀은 하나님이 앗수르 왕 산헤립에게 한 말씀이다.

네가 내게 향한 분노와 네 교만한 말이 내 귀에 들렸도다. 그러므로 내가 갈고리로 네 코에 꿰고 자갈을 네 입에 먹여 너를 오던 길로 끌어 돌이키리라 하셨나이다(왕하 19:28).

원망

그들 가운데 어떤 사람들이 원망하다가 멸망시키는 자에게 멸망하였나니
너희는 그들과 같이 원망하지 말라(고전 10:10).
형제들아 서로 원망하지 말라. 그리하여야 심판을 면하리라.
보라 심판주가 문 밖에 서 계시니라(약 5:9).

원망이 악한 말이다. 광야에서의 이스라엘 백성들은 원망 전문가들이었다. 그들을 통해 원망에 대해 많은 교훈을 얻을

수 있다. 원망의 결과가 어떠한지도 분명히 배울 수 있다. 원망의 결과는 분명했다.

> 여호와께서 들으시기에 백성이 악한 말로 원망하매 여호와께서 들으시고 진노하사 여호와의 불로 그들 중에 붙어서 진영 끝을 사르게 하시매 백성이 모세에게 부르짖으므로 모세가 여호와께 기도하니 불이 꺼졌더라(민 11:1-2).

애굽을 출발한 이스라엘 백성들은 초지일관 원망과 불평을 했다. 홍해 바다 앞에서 그들은 이렇게 원망했다.

> 애굽에 매장지가 없어서 당신이 우리를 이끌어 내어 이 광야에서 죽게 하느냐? 어찌하여 당신이 우리를 애굽에서 이끌어 내어 우리에게 이같이 하느냐? 우리가 애굽에서 당신에게 이른 말이 이것이 아니냐? 이르기를 우리를 내버려 두라. 우리가 애굽 사람을 섬길 것이라 하지 아니하더냐? 애굽 사람을 섬기는 것이 광야에서 죽는 것보다 낫겠노라(출 14:11-12).

이 원망을 들으시고 하나님은 모세를 통해 홍해 바다를 갈라 주셨다. 의문이 들지 않는가? 원망하면 길이 생긴다? 이런 일은 홍해 바다를 건너서도 계속되었다. 먹을 것이 떨어지자 그들은 또 원망을 시작했다.

> 우리가 애굽 땅에서 고기 가마 곁에 앉아 있던 때와 떡을 배불리 먹던 때에 여호와의 손에 죽었더라면 좋았을 것을 너희가 이 광야로 우리를 인도해 내어 이 온 회중으로 주려 죽게 하는도다(출 16:3).

이 원망 후에 그들은 만나를 먹었다. 물이 떨어지자 이스라엘 백성들은 또 원망을 했다.

> 우리에게 물을 주어 마시게 하라. 당신이 어찌하여 우리를 애굽에서 인도하여 내어서 우리와 우리 자녀와 우리 생축으로 목말라 죽게 하느냐(출 17:2-3).

이 원망 후에 그들은 반석에서 솟아난 물을 마셨다. 이스라엘 백성들은 노하우를 쌓아갔다. 원망했더니 길이 생기고, 원망했더니 떡이 생기고, 원망했더니 물이 생기고. 오호라. 바로 이것이구나! 고기가 먹고 싶을 때 그들이 무엇을 했겠는가?

감사하면 이루어지고 원망하면 안 이루어져야 하는데 이루어지는 것이다. 길이 없다고 원망하면 길이 생기고, 먹을 것이 없다고 원망하면 먹을 것이 생기고, 마실 물이 없다고 원망하면 물이 생기고, 고기가 없다고 원망하면 고기가 생긴다.

이것은 내게 참 오랫동안 풀리지 않는 의문이었다. 출애굽기를 읽을 때마다 의문이 풀리지 않았다. 그런데 어느 날 이게 풀렸다. 잠을 자려고 자리에 누웠는데 '원망의 떡'이란 말이 떠오르더니 내 마음을 흔들어 놓았다.

원망의 떡, 바로 이것이었구나. 떡이 둘이구나. 원망의 떡, 감사의 떡. 원망의 떡과 감사의 떡은 외형적으론 모양이 같다. 그러나 먹어 보면 결과가 다르다. 먹고 죽는 떡이 있고, 먹고 사는 떡이 있다. 원망의 떡을 먹은 이스라엘 백성들은 결국 광야에서 다 죽었다. 원망하면 떡이 생긴다. 그러나 이 떡은 그에게 복이 되지 않는다. 집이 좁다고 원망하면 집이 넓어질 수 있다. 차가 없다고 원망하면 차가 생길 수 있다. 그러나 이렇게 원망으로 얻은 그 집은 그에게 복이 되질 않는다. 내 평생 감사의 떡을 먹고 살리라.

불평

악을 행하는 자들 때문에 불평하지 말며

불의를 행하는 자들을 시기하지 말지어다(시 37:1).

여호와 앞에 잠잠하고 참고 기다리라.

자기 길이 형통하며 악한 꾀를 이루는 자 때문에 불평하지 말지어다.

분을 그치고 노를 버리며 불평하지 말라. 오히려 악을 만들 뿐이라 (시 37:7-8).

불평이 하나님이 금한 말이다. 불평이 악한 말이다. 불평과 원망은 죄를 이룬다. 말씀에서 당신이 해야 할 선한 말이 무엇인지 찾아보자.

누추함과 어리석은 말이나 희롱의 말이 마땅치 아니하니

오히려 감사하는 말을 하라(엡 5:4).

범사에 감사하라(살전 5:18).

좋은 날을 보기 원하는 당신이 해야 할 선한 말이 바로 감사다. 감사는 행복언어다. 감사는 성공언어다. 감사는 생명언어다. 감사는 치료언어다.

믿음과 감사는 비례한다. 하나님을 믿으면 감사할 수 있다. 범사에 감사하라는 말씀 속에는 우리가 생각할 때 원망하거나 불평할 만한 상황에서도 감사하라는 의미가 들어 있는 것이다. 범사에 감사하는 것은 하나님을 인정하고 하나님을 믿을 때만이 가능하다. 예를 들어 뛰어가다 넘어졌다고 하자. 그 넘어진 순간도 범사에 포함된다. 넘어져 무릎이 깨진 상황에 어떻게 감사할 수 있을까? 원망하지만 않아도 다행 아닌가. 그런데 그런 순간이라도 하나님을 믿으면 감사가 가능하다. 그대로 뛰어갔을 때 달려오는 차와 부딪칠 상황이라 하나님이 넘어지게 하셨을 수도 있다. 넘어져 무릎이 깨진 것과 그대로 뛰어가다가 차와 부딪쳤을 경우를 비교해서 생각해 보면 그저 감사할 수밖에 없다. 하나님은 오늘도 살아 계시고 그의 자녀들을 사랑하시고, 그의 백성들을 위해 일하신다. 그 하나님을 믿을 때 우리는 범사에 감사할 수 있다.

당신은 생명을 사랑하는가? 좋은 날 보기를 원하는가? 그렇다면 다음 성경 말씀을 보라. 당신은 좋은 날을 보게 될 것이다.

그러므로 생명을 사랑하고 좋은 날 보기를 원하는 자는
혀를 금하여 악한 말을 그치며 그 입술로 거짓을 말하지 말고
악에서 떠나 선을 행하고 화평을 구하여 그것을 따르라(벧전 3:10-11).
생명을 사모하고 연수를 사랑하여 복 받기를 원하는 사람이 누구뇨?

네 혀를 악에서 금하며 네 입술을 거짓말에서 금할지어다.

악을 버리고 선을 행하며 화평을 찾아 따를지어다(시 34:12-14).

STUDY GUIDE

1. 악한 말은 당신의 삶과 대인관계에 어떤 영향을 미치는가?

2. 참소가 악한 말이다. 참소란 고자질이다. 참소하는 자는 미련한 자다. 왜 참소하는가? 참소의 폐해를 함께 나누라(잠 25:23, 잠 10:18).

3. 함부로 하는 말이 악한 말이다. 함부로 하는 말을 들으면 당신은 마음이 어떤가(잠 12:18)?

4. 하나님은 말다툼을 하지 말라고 엄히 명하고 있다. 언제 논쟁하게 되는가? 논쟁을 하고 난 후 당신의 마음은 어떤가? 말다툼의 폐해를 적어 보라(딤후 2:14).

STUDY GUIDE

5. 자기 자랑이 악한 말이다. 성경은 하나님은 자랑하고 자신은 자랑하지 말라고 한다. 자랑하면 어떻게 되는가(약 4:13-16, 고후 10:17-18)?

6. 다음 성경 말씀에서 어떤 말이 악한 말인지 찾아보라(엡 5:3-4, 골 3:8).

7. 더러운 말이 하나님이 금한 악한 말이다. 더러운 말 중에 대표적인 것이 음담패설이다. 더러운 말이 몸에 미치는 영향을 찾아보라(약 3:6, 마 15:11).

8. 다음 성경 말씀에서 어떤 말이 악한 말인지 찾아보라(삼상 2:3, 시 75:5).

STUDY GUIDE

9. 교만한 말이 악한 말이다. 어떤 말이 교만한 말인가? 교만한 말을 하면 어떻게 되는가(왕하 19:28)?

10. 원망이 악한 말이다(고전 10:10, 약 5:9). 원망은 무엇인가? 원망은 언제 하는가? 원망의 결과는 무엇인가(민 11:1-2)?

11. 원망의 떡과 감사의 떡의 차이는 무엇인가?

12. 불평은 하나님이 금한 말이다. 불평이 악한 말이다. 불평과 원망은 짝을 이룬다. 언제 왜 불평을 하는가(시 37:1, 시 37:7-8)?

STUDY GUIDE

13. 다음 성경 말씀에서 당신이 해야 할 선한 말이 무엇인지 찾아보라(엡 5:4, 살전 5:18).

14. 당신은 생명을 사랑하는가? 좋은 날 보기를 원하는가? 그렇다면 당신이 해야 할 일이 있다. 그것은 무엇인가(벧전 3:10-11, 시 34:12-14)?

15. week 13을 통해 하나님이 주신 은혜를 함께 나누라.

NOTE

말은 힘이 있다.

말을 바꾸면 인생이 바뀐다.

그렇다면 이제 우리에게 남은 문제는 말을 바꾸는 것이다.

week 14에서는 어떻게 말을 바꿀 수 있는지를 살펴보려고 한다.

예수를 믿으면 말이 바뀐다.

성령을 받으면 말이 바뀐다.

week 14
말을 바꾸면 인생이 바뀐다

지금까지 성경을 통해 살펴본 말의 힘을 한번 정리해 보자.

하나님이 세상을 말로 창조하셨다.
그 말을 하나님께서 사람에게 주셨다.
그 말을 주시며 세상을 통치하라고 하셨다.
그 말 속에는 창조적인 힘이 들어 있었다.

사람이 죄를 범함으로 말미암아 타락하였다.
사람이 타락하면서 말도 함께 타락하였다.
창조적인 말의 힘이 파괴적으로 변질되었다.

말은 힘이 있다.
말은 살리기도 하고 죽이기도 한다.
말은 치료하기도 하고 병들게도 한다.
말은 흥하게도 하고 망하게도 한다.
말은 행복하게도 하고 불행하게도 한다.

말이 힘이 있는 이유는 하나님이 살아계시기 때문이다.
'너희 말이 내 귀에 들린대로 내가 너희에게 행하시는 하나

님'

'입술의 열매를 창조하시는 하나님'은 지금도 살아계신다.

두 종류의 말

이 세상에는 두 종류의 말이 있다. 각각 다른 능력이 있는 두 종류의 말이 있다. 선한 말이 있고, 악한 말이 있다. 선한 말은 하나님이 하라고 한 말이다. 악한 말은 하나님이 하지 말라고 한 말이다. 선한 말은 창조하고, 악한 말은 파괴한다. 선한 말은 살리고 악한 말은 죽인다. 선한 말은 치료하고 악한 말은 병들게 한다. 선한 말은 흥하게 하고 악한 말은 망하게 한다. 선한 말은 행복하게 하고 악한 말은 불행하게 한다.

이 두 종류의 말 중에 선한 말을 하기 원하는가? 창조적인 말을 하기 원하는가? 어떻게 하면 그것이 가능한지 성경을 통해 배워 보자.

어떻게 하면 선한 말을 할 수 있을까?

여러 종류의 짐승과 새와 벌레와 바다의 생물은 다 사람이 길들일 수 있고 길들여 왔거니와 혀는 능히 길들일 사람이 없나니 쉬지 아니하는 악이요. 죽이는 독이 가득한 것이라(약 3:8).

사실 이 말씀은 우리에게 어떻게 하면 선한 말을 할 수 있는지를 가르쳐 주지 않는다. 우리는 언어 훈련을 시키고, 언어 훈련을 받으면 말이 바뀔 것으로 생각한다. 그런데 성경은 그것이 불가하다고 가르쳐 준다. 혀는 길들일 수 없다. 이 사실이 우리를 더욱 절망스럽게 만드는지 모른다. 성경이 길들일 수 없다는데 그것을 길들이겠다고 나서는 것은 어리석은 일이다. 성경은 진리이다. 그렇다면 그냥 살아야 하는가, 우리의 고민이 여기 있다.

말을 바꾸기 위해 바꿔야 할 것들

이제 우리는 성경을 통해 어떻게 하면 말을 바꿀 수 있는지를 공부할 것이다. 당신은 말이 바뀌길 원하는가? 창조적인 능력이 있는 선한 말을 하고 싶다면 바꿔야 할 것들이 있다. 먼저 생각을 바꾸라. 사람을 바꾸라. 성경을 따라 말하라. 예수를 믿으라. 성령을 받으라. 그러면 말이 바뀔 것이다.

생각을 바꾸라

우리는 이미 말이 마음에서 나오는 것임을 배웠다. 마음에 있는 것이 입으로 나오는 것이다. 입이 수도꼭지라면 마음은 수

원지다. 수도꼭지를 바꾼다고 해서 물이 바뀌는 것이 아니다.

우리는 앞에서 생각-말-행동-습관-인격이 곧 인생임을 함께 배웠다. 마음의 생각이 바뀌어야 말이 바뀌고, 말이 바뀌어야 행동이 바뀌고, 습관이 바뀌고, 인격이 바뀐다.

인격의 첫 출발도 마음의 생각이다. 그래서 성경은 마음을 그토록 강조하는 것이다. 하나님의 말씀을 마음판에 새겨야 하는 이유도 여기에 있다. 말을 바꾸기 원하면 마음의 생각을 바꾸라. 그러면 말이 바뀔 것이다.

자신을 바꾸라

선한 사람은 마음에 쌓은 선에서 선을 내고

악한 자는 그 쌓은 악에서 악을 내나니

이는 마음에 가득한 것을 입으로 말함이니라(눅 6:45).

명철한 사람의 입의 말은 깊은 물과 같고

지혜의 샘은 솟구쳐 흐르는 내와 같으니라(잠 18:4).

의인의 혀는 순은과 같거니와(잠 10:20).

선한 사람이 선한 말을 하고 악한 사람이 악한 말을 한다. 지혜로운 자의 말은 지혜롭고 어리석은 자의 말은 어리석다.

순결한 사람의 말은 깨끗하고 부정한 사람의 말은 더럽다. 말을 바꾸기 원하면 사람을 바꾸라. 선한 말을 하기 원하면 당신이 선한 사람이 되라. 사람을 바꾸지 않은 채 말만 바꾸려고 하는 것은 불가능하다. 사람은 잠시 잠깐 연기하듯이 다른 말을 할 수 있을지 몰라도 결국 그는 그 자신의 말을 하게 된다.

예수를 믿으라

선한 말을 하기 위해서는 기본 전제가 있다. 무엇보다 먼저 선한 자가 되어야 하고 마음에 선을 쌓아야 한다는 것이다. 어떻게 선한 사람이 되고, 어떻게 마음에 선한 것을 쌓을 수 있을까? 가장 좋은 길은 선한 분 예수 그리스도를 주님으로 마음에 모셔 들이고 선한 말 중에 선한 말인 하나님의 말씀을 우리 마음에 채우는 것이다. 이것이 우리가 선한 말을 하기 위한 기본 전제이다.

말은 자동으로 바뀌지 않는다

당신은 혹시 예수를 믿기만 하면 자동적으로 말이 바뀔 것으로 생각하지는 않았는가? 당신이 이미 경험했겠지만 예수를 믿는다고 말이 자동으로 바뀌는 것은 아니다. 왜 그런지 같이 살펴보자.

예수 믿으면 구원 받는다. 구원이 무엇인가? 말에 대한 공부를 하다 구원론으로 옮겨가는 것 같은 느낌이지만 잠시 살펴보자. 구원은 많은 것을 포함하고 있다. 구원은 우리가 죽은 다음에 받는 구원도 있고, 이 세상에 살면서 받는 구원도 있다. 당신이 죽은 다음에 받을 구원은 무엇인가?

사람은 죄로 말미암아 죽으면 지옥에 간다. 그러나 예수 믿으면 지옥에 가지 않는다. 죽음의 역을 통과한 순간, 육체와 분리된 예수를 믿는 사람의 영혼은 천국에 간다. 주님과 함께 눈물과 한숨과 탄식이 없는 저 천국에서 노래하며 춤을 추며 살 것이다. 그러다 주님이 재림하시는 그 날 부활할 것이다. 부활한 몸으로 저 좋은 천국에서 영원히 살 것이다. 이것은 예수 믿는 사람이 장차 받게 될 구원이다. 죽어서 받는 구원이다.

우리가 죽어서 받는 구원은 절대적인 하나님의 은혜로 받는다. 값없이 주신 하나님의 아들 예수 그리스도의 피로 말미암아 받는다. 이것을 위해 우리가 해야 할 수고나 노력은 없다. 이 구원은 우리의 행위로 말미암지 않고 오직 하나님의 은혜로 말미암는 것이기 때문이다. 이 구원은 우리의 행위로 얻는 것이 아니다. 오직 믿음으로 얻는다. 하나님의 선물이다.

우리가 살아서 받는 구원도 있다. 심령으로 낙을 누리며 사는 것, 이것은 우리가 살아서 받는 구원이다. 궁핍할 때나 부요할 때나 어떤 상황에서도 만족하며 사는 삶, 우리가 마음으로 원하는 것을 몸으로 행하는 자유가 있는 삶, 마음의 평안을 누리며 사는 삶, 우리의 삶을 기름지게 하는 은혜가 충만한 삶, 이것도 우리가 살아서 받는 구원이다. 우리가 이 땅에서 받는 구원을 천국을 미리 경험하는 것이라고 할 수 있다. 천국을 미리 경험하는 삶을 사람들이 알고 있는 말로 표현하면 바로 '행복'이다.

하나님은 우리가 죽은 후 받는 구원의 길뿐 아니라 이 땅에서 받을 구원의 길도 성경에 기록해 주셨다. 이 세상에 살면서 구원 받고 싶다면 성경대로 살아야 한다. 우리가 이 세상에서 천국을 경험하고 사는 것은 성경에 순종한 것과 비례한다. 우리가 성경 말씀에 순종한 만큼 우리는 천국을 경험한다. 만약 어떤 사람이 예수는 믿지만 여전히 성경을 따라 살지 않고 자기 마음대로 산다면 그는 이 세상에서는 여전히 지옥을 경험하고 살다가 죽어서야 천국 맛을 볼 것이다. 하나님의 말씀에 순종하지 않으면서 이 땅에서 천국을 경험하고자 하는 것은 무리이다.

힘써 성경을 따라 말해야 한다

예수를 믿는 우리가 이 세상에서 천국을 경험하며 살기 위해서는 성경대로 살아야 한다. 성경대로 말해야 한다.

> 무릇 더러운 말은 너희 입 밖에도 내지 말고 오직 덕을 세우는 데 소용되는대로 선한 말을 하여 듣는 자들에게 은혜를 끼치게 하라(엡 4:29).

더러운 말을 하면 구원 받지 못한다. 선한 말을 해야 구원 받는다. 우리가 죽은 다음에 받는 구원을 이야기하는 것이 아니다. 이 땅에서 사는 동안 받는 구원을 이야기하는 것이다. 악한 말을 하면 지옥을 경험하며 살고, 선한 말을 하면 천국을 경험하며 산다는 의미다. 성경이 우리에게 하지 말라는 말이 있고 하라는 말이 있다. 우리는 이미 앞에서 그것을 배웠다. 그것을 한마디로 요약하면 "악한 말을 하지 말고, 선한 말을 하라"다. 악한 말을 하면 지옥을 경험하고, 선한 말을 하면 천국을 경험하기 때문이다.

말은 점진적으로 바뀐다

누구나 물론 늘 선한 말을 하기 원할 것이다. 그럼에도 불구하고 그렇게 못하는 것이 사람이다. 마음으로는 선한 말을 해야 하겠다고 다짐하지만 입으로는 악한 말이 나오기도 한다. 그래서 후회하고 또 낙심하고 낙담하기도 한다. 때로 이것이 깊어짐으로 '내가 예수를 믿기는 하는 것인가?' 하는 회의에 빠지기도 한다. 당신의 경우는 어떠한가? 자신의 말을 살펴보고, 회복된 말을 하고자 하는 의지와는 달리 타락한 언어습관 때문에 갈등해 본 적이 있는가? 예수 믿은 세월이 오래 되었음에도 말이 바뀌지 않은 것으로 인한 갈등이 있는가? 이것은 믿음이 없기 때문에 생기는 갈등이 아니다. 믿음이 있기 때문에 겪는 갈등이다.

그리스도인들은 이런 과정을 통해 성장하고 성숙한다. 이것을 자기와의 싸움이라고 하기도 하고 선한 싸움이라고도 한다. 이런 갈등을 겪으며 점진적으로 변화된다. 말도 마찬가지다. 우리가 마음으로 원하는 말을 입으로도 하는 일들이 점점 늘어난다. 그것을 성장 혹은 성숙이라고 한다. 성화라고 하기도 한다.

성령을 받으라

성령을 받으면 말이 바뀐다. 성령을 받으면 말이 바뀌는 이유는 성령이 성경에 순종할 수 있는 힘을 주기 때문이다. 우리는 선한 말을 하라는 하나님의 명령을 들었다. 그것에 순종하기 위해서는 힘이 있어야 한다. 힘이 없으면 순종할 수 없다. 성령은 능력이다. 하나님의 말씀에 순종할 수 있는 힘이 성령으로부터 온다. 성령충만을 받으면 선한 말을 한다.

성경을 보면 성령이 임하는 곳에 나타나는 공통된 현상들이 있다. 말을 염두에 두고 다음 성경 말씀을 보라. 어떤 공통점이 있는가?

> 그들이 다 성령의 충만함을 받고 성령이 말하게 하심을 따라 다른 언어들로 말하기를 시작하니라(행 2:4).
> 하나님이 말씀하시기를 말세에 내가 내 영을 모든 육체에 부어 주리니 너희의 자녀들은 예언할 것이요. 너희의 젊은이들은 환상을 보고 너희의 늙은이들은 꿈을 꾸리라. 그 때에 내가 내 영을 내 남종과 여종들에게 부어 주리니 그들이 예언할 것이요(행 2:17-18).

바울이 그들에게 안수하매 성령이 그들에게 임하시므로 방언도 하고 예언도 하니 모두 열 두 사람쯤 되니라(행 19:6-7).

성령이 임한 현장에는 다른 방언을 하고 예언을 하는 역사가 일어난다. 방언, 예언이란 말에는 둘 다 '언'이 들어 있다. 말이 들어 있다. 성령을 받으면 다른 방언으로 말하기를 시작한다. 물론 여기 나오는 방언이 우리가 은사로 알고 있는 방언인 것을 인정한다. 또한 이것을 성령이 임하면 새로운 말을 하는 것으로 적용할 수도 있을까?

같은 한국말이지만 성령 받기 전의 말과 성령 받은 후의 말이 다르다. 성령을 받으면 새 방언으로 말하기를 시작한다. 말로 관계를 깨던 사람이 말로 관계를 아름답게 한다. 더러운 말을 하던 사람이 깨끗한 새 방언을 한다. 말을 함부로 하던 사람이 사려 깊은 말을 한다. 사람을 사랑하고 살리는 새 방언을 말한다. 당신은 새 방언을 말하고 있는가? 새 말을 하고 있는가?

예수 믿고 성령을 받으면 새 방언을 할뿐 아니라 예언도 한다. 예언을 점치는 것으로 오해하지는 말아야 한다. 예언은 장래 일을 말하는 것이다. 미래 일을 말하는 것이다. 성경이 예언이다. 믿음으로 하는 말이 예언이다. 하나님이 장차 하실 일은 지금 말하는 것이 예언이다. 가나안을 정탐하고 온 여호수아와 갈렙이 했던 말이 예언이다. "우리가 곧 올라가서 그 땅을 취하자. 능히 이기리라. 여호와께서 우리를 기뻐하시면 우리를 그 땅으로 인도하여 들이시고 그 땅을 우리에게 주시리라." 복음을 전하는 것이 예언이다. "사람은 모두 죽는다. 죽은 후에는 천국과 지옥 중 한 곳으로 간다. 예수를 믿고 죽은 사람은 천국으로, 그렇지 않은 사람은 지옥으로 간다. 한번 죽는 것은 사람에게 정한이다. 그 후에는 심판이 있다. 예수를 믿는 사람은 하나님의 아들 예수 그리스도께서 심판을 대신 받아 주셨기 때문에 심판을 면제 받는다. 예수를 믿으면 구원을 받는다. 그 날과 그 시는 알 수 없지만 예수님은 다시 오신다." 축복이 예언이다. "하나님께서 너에게 평강을 주실 것이다. 너의 가는 길이 형통할 것이다. 평탄할 것이다. 하나님이 너와 함께 하실 것이다." 칭찬이 예언이다. "훌륭한 아들, 5만 명을 먹여 살릴 우리 아들, 21세기 지도자 우리 아들, 이 땅을 예수로 덮은 귀한 우리 목사님······." 이러한 말들은 장래 일들이다. 성령을 받으면 예언을 한다. 장래 일을 말한다.

당신이 5년 후에 이루고 싶은 꿈을 말한다면 이것도 넓은 의미에서 예언이다. 그것도 장래 일을 말하는 것이기 때문이다. 바울의 예언 중 하나를 들어보고 당신이 지금 하고 있는 예언이 있다면 적어 보라.

> 나는 선한 싸움을 싸우고 나의 달려갈 길을 마치고 믿음을 지켰으니 이제 후로는 나를 위하여 의의 면류관이 예비되었으므로 주 곧 의로우신 재판장이 그 날에 내게 주실 것이며 내게만 아니라 주의 나타나심을 사모하는 모든 자에게도니라(딤후 4:7-8).

성령을 받으면 말이 바뀐다. 성령이 충만하면 화제가 바뀐다. 또한 화제의 시제도 과거에서 미래로 바뀐다. 성령이 충만하지 못하면 대화의 주된 화제가 과거 일, 문제, 남의 허물 등이 되기 쉽다. 그러나 성령을 받으면 성령의 말하게 하심을 따라 장래 일을 말하기 시작한다. 꿈을 말하기 시작한다. 물이 바다를 덮음같이 예수로 세상을 덮는 꿈이 화제가 된다. 미전도종족이 다 주께로 돌아오는 그날을 말한다. 당신에게 이런 예언이 있는가? 당신의 대화의 주된 화제는 무엇인가? 화제의 시제는 과거인가, 미래인가? 지금 당신이 말하고 있는 장래 일은 구체적으로 어떤 것인가?

말의 힘을 공부한 당신을 향한 축복

지금까지 당신은 성경을 통해 말을 배웠다. 특별히 말이 힘이 있음을 배웠다. 당신이 예수를 믿는다면 당신의 말에 창조적인 힘이 있다. 창조적인 말로 인해 펼쳐질 당신의 인생을 노래하라. 입술의 열매를 창조하시는 하나님을 믿고 장래 일을 말하라. 그 열매를 먹을 그날을 그려 보라. 오늘 당신이 하고 있는 선한 말을 통해 자신이 누릴 천국을 그려 보라.

지금까지 성경을 통해 '말의 힘'을 공부한 당신을 다음 성경 말씀으로 축복하고 싶다.

주 여호와께서
학자들의 혀를 내게 주사
나로 곤고한 자를
말로 어떻게 도와 줄 줄을 알게 하시고
아침마다 깨우치시되
나의 귀를 깨우치사

학자들 같이 알아듣게 하시도다(사 50:4).

명철한 사람의 입의 말은 깊은 물과 같고

지혜의 샘은 솟구쳐 흐르는 내와 같으니라(잠 18:4).

의인의 혀는 순은과 같거니와

악인의 마음은 가치가 적으니라(잠 10:20).

하나님께서 당신에게 학자의 혀를 주시기를 축복한다. 하나님께서 학자의 말을 주사 당신이 곤고한 자를 말로 어떻게 도와줄 줄을 알게 하시기를 축복한다. 또한 하나님께서 당신의 귀를 깨우치사 학자들 같이 알아듣게 하시기를 축복한다. 명철한 당신의 입에서 나오는 말은 깊은 물과 같을 것이고 지혜로운 당신의 말은 솟구쳐 흐르는 내와 같을 것이다. 순은과 같이 순결하고 고결한 당신의 말로 당신은 사람들을 살리고, 치료하고, 흥하게 하고, 행복하게 할 것이다. 물론 당신도.

STUDY GUIDE

1. 우리는 성경을 통해 말을 배우고 있다. 지금까지 배운 것을 한번 정리해 보라.

2. 당신은 선한 말을 하기 원하는가? 창조적인 말을 하기 원하는가? 어떻게 하면 그것이 가능한가? 혀는 길들일 수 없다는 말씀의 의미는 무엇인가(약 3:8)?

3. 당신이 창조적인 능력이 있는 선한 말을 하고 싶다면 생각을 바꾸라. 생각을 바꾸면 말이 바뀐다. 왜 그런가?

4. 당신이 창조적인 능력이 있는 선한 말을 하고 싶다면 사람을 바꾸라. 당신 자신을 바꾸라. 사람을 바꾸면 말이 바뀐다. 왜 그런가(눅 6:45, 잠 18:4, 잠 10:20)?

STUDY GUIDE

5. 당신이 창조적인 능력이 있는 선한 말을 하고 싶다면 예수를 믿으라. 예수를 믿으면 말이 바뀐다. 왜 그런가?

6. 당신은 혹시 예수를 믿기만 하면 자동적으로 말이 바뀔 것으로 생각하지는 않았는가?

7. 예수를 믿는 당신이 이 세상에서 천국을 경험하며 살기 위해서는 성경대로 살아야 한다. 성경대로 말해야 한다. 왜 그런가(엡 4:29)?

8. 혹시 당신은 뭔가 특별한 방법으로 즉각적이고 자동적인 변화가 일어나기를 기대한 적은 없는가?

STUDY GUIDE

9. 당신이 창조적인 능력이 있는 선한 말을 하고 싶다면 성령충만을 받으라. 성령을 받으면 말이 바뀐다. 왜 그런가?

10. 성경을 보면 성령이 임하는 곳에 나타나는 공통된 현상들이 있다. 말을 염두에 두고 다음 성경 말씀을 살펴보라. 어떤 공통점이 있는가(행 2:4, 행 2:17-18, 행 19:6-7)?

11. 예수 믿고 성령을 받으면 새 방언을 할 뿐 아니라 예언도 한다. 새 방언은 무엇이고 예언은 무엇인가?

12. 성령을 받으면 말이 바뀐다. 성령이 충만하면 화제가 바뀐다. 또한 화제의 시제도 과거에서 미래로 바뀐다. 당신의 대화의 주된 화제는 무엇인가? 화제의 시제는 과거인가, 미래인가? 지금 당신이 말하고 있는 장래 일은 구체적으로 어떤 것인가?

STUDY GUIDE

13. 당신은 예수를 믿는가? 그렇다면 당신의 말에 창조적인 능력이 있다. 창조적인 말로 인해 펼쳐질 당신의 인생을 노래하라. 입술의 열매를 창조하시는 하나님을 믿고 장래 일을 말하라.

14. week 14를 통해 하나님이 주신 은혜를 함께 나누라.

사명선언문

너희가 흠이 없고 순전하여……세상에서 그들 가운데 빛들로
나타내며 생명의 말씀을 밝혀 _ 빌 2:15-16

1. 생명을 담겠습니다
만드는 책에 주님 주신 생명을 담겠습니다.
그 책으로 복음을 선포하겠습니다.

2. 말씀을 밝히겠습니다
생명의 근본은 말씀입니다.
말씀을 밝혀 성도와 교회의 성장을 돕겠습니다.

3. 빛이 되겠습니다
시대와 영혼의 어두움을 밝혀 주님 앞으로 이끄는
빛이 되는 책을 만들겠습니다.

4. 순전히 행하겠습니다
책을 만들고 전하는 일과 경영하는 일에 부끄러움이 없는
정직함으로 행하겠습니다.

5. 끝까지 전파하겠습니다
모든 사람에게, 땅 끝까지, 주님 오시는 그날까지
복음을 전하는 사명을 다하겠습니다.

서점 안내

광화문점	서울시 종로구 새문안로 69 구세군회관 1층 02)737-2288 / 02)737-4623(F)
강남점	서울시 서초구 신반포로 177 반포쇼핑타운 3동 2층 02)595-1211 / 02)595-3549(F)
구로점	서울시 동작구 시흥대로 602, 3층 302호 02)858-8744 / 02)838-0653(F)
노원점	서울시 노원구 동일로 1366 삼봉빌딩 지하 1층 02)938-7979 / 02)3391-6169(F)
일산점	경기도 고양시 일산서구 중앙로 1391 레이크타운 지하 1층 031)916-8787 / 031)916-8788(F)
의정부점	경기도 의정부시 청사로47번길 12 성산타워 3층 031)845-0600 / 031)852-6930(F)
인터넷서점	www.lifebook.co.kr